U0935000

孔子的智慧

The Wisdom of Confucius

林语堂 著

黄嘉德 译

CTS

湖南文艺出版社
HUNAN LITERATURE AND ART PUBLISHING HOUSE

体味经典的重量

目录
Contents

第一章
导言

实际上，儒家思想所持的是人道主义者的态度，对全无实用虚无缥缈的玄学与神秘主义完全弃之不顾，而是只注重基本的人际关系，灵异世界神仙不朽又有何用？这种独具特色的人道主义中最有力的教义，是“人的标准就是人”。

一、孔子思想的特性

时至今日，还能有人热衷儒家思想吗？若说是有，岂非怪事。其实这全系于人对善念是否还肯执着，而一般人对善念是不会有一股狂热的。更重要的，似乎是今日之人是否对儒家思想还存有信心。这对现代的中国人特别重要。这个问题是直接指向现代的中国人，挥之不去，也无从拒绝。因为现代有些中国人，甚至曾经留学外国，思想已趋成熟，他们对儒家所持的态度与观点，都显得心悦诚服。由此我认为儒家思想是具有其中心性，也可以说有其普遍性的。儒家思想的中心性与其人道精神之基本的吸引力，其本身即有非凡的力量。孔子去世后数百年间政治混乱、思想分歧的时期，儒家思想战胜了道家、墨家、法家，自然派思想及共产派思想，以及其他林林总总的学派。在两千五百年内中国人始终奉之为天经地义，虽然有时际遇稍衰，但终必衰而复振，而且声势益隆。与儒家思想抗衡者，除道家在公元后第三至第六世纪盛行之外，其强敌莫过于佛教。佛教多受宋儒所宗仰，佛教虽无玄妙精微，在儒家人道精神及知识论的阐述上，也只能予以修正，然后即将重点移至儒家经典所已有之某些观念上，而予以更充分之重视，但也并不能将儒家思想根本推翻。这也许是纯粹由于孔子个人多年来的声望地位使然，但是儒家心中非凡的自负，对本门学说精当之信而不移，因而鄙弃佛教理论而侧目视之，或者给予宽容，当时的情形可能正是如此。儒家也以平实的看法否定了庄子的神秘思想，也以此等平实的思想鄙弃了佛教的神秘思想。今天，儒家思想遇到了更大的敌手，但并不是基督教，而是整套的西方思想与生活以及西方新的社会思潮，这种西方文明全是工业时代所引起的。儒家思想，若看做是恢复封建社会的一种政治制度，在现代政治经济的发展之前，被人认为陈旧无用，自是；若视之为人道主义文化，若视之为社会生活上基本的观点，我认为儒家思想仍不失为颠扑不破的真理。儒家思想，在中国人生活中，仍然是一股活的力量，还会影响我们民族的立身处世之道。西方人若研究儒家思想及其基本的信念，他们会了解中国的国情民俗，会受益匪浅的。

在西方读者看来，孔子只是一位智者，开口不是格言，便是警语，这种看法，自然不足以阐释孔子思想其影响之深而且大。若缺乏思想上更为深奥的统一的信念或系统，纯靠一套格言警语而支配一个国家，像孔子思想之支配中国一样，是办不到的。孔夫子的威望与影响如此之大，对此一疑难问题之解答，必须另自他处寻求才是。若没有一套使人信而不疑的大道理，纵有格言警语，也会久而陈腐令人生厌的。《论语》这部书是孔学上的圣经，是一套道德的教训，使西方人对孔子之有所知，主要就是靠这部书。但是《论语》毕竟只是夫子自道的一套精粹语录，而且文句零散，多失其位次，因此若想获得更为充分之阐释，反须要依赖《孟子》《礼记》等书。孔子总不会天天只说些零星断片的话吧。所以，对孔子的思想之整体系统若没有全盘的了解，欲求充分了解何以孔子有如此的威望及影响，那真是缘木求鱼了。

简捷说，孔子的思想是代表一个理性的社会秩序，以伦理为法，以个人修养为本，以道德为施政之基础，以个人正心修身为政治修明之根柢。由此看来，最为耐人深思之特点是在取消政治与伦理之间的差异。其方法为一伦理性之方法，与法家以讲严刑峻法为富国强兵之道截然不同。孔子的学说也是断然肯定的，要求人对人类与社会负起当负的责任，所谓以天下国家为己任，此点与道家的适世玩世又大有不同。实际上，儒家思想所持的是人道主义者的态度，对全无实用虚无缥缈的玄学与神秘主义完全弃之不顾，而是只注重基本的人际关系，灵异世界神仙不朽又有何用？这种独具特色的人道主义中最有力的教义，是“人的标准就是人”。就凭这条教义，一个常人只要顺着人性中的善去行，就算初步奉行儒家的为人之道了，并不必在什么神祇上去寻求神圣理想中的完美。

更精确点说，儒家思想志在重新树立一个理性化的封建社会，因为当时周朝的封建社会正在趋于崩溃。儒家思想当然主张阶级分明。要了解这种情形，我们必须回溯到孔子当时封建制度崩溃以及此后数百年内的状况。当时中国领土内有数百大大小小公侯伯子男等级的国家，各自独立，其强者则国土与国力日增，时常与他国兵连祸结。周朝皇帝名为华夏君王，统治全国，实则徒拥虚名，衰微已极。甚至孔子及以后之孟子，虽周游列国，干谒诸侯，求其施仁政，拯百姓于水火，但亦不屑于一朝周帝。这颇与其所主张之建立理性社会，尊崇周王之学说相矛盾。因当时国内情势纷乱已极，周室衰微，帝国荏弱，纵然前往朝见，终无大用。各国间虽订有条约，转眼粉碎，结盟和好，终难持久。养兵日众，捐税日增，强凌弱，众暴寡。国与国间随时会商，真是舌敝唇焦，不见成功。学人智者开始定攻守之计，和战之策，别利害，辨得失。说来也怪，当时学者智士之间，国界之分渐渐混灭，周游列国，朝秦暮楚，亲疏无常。而古礼失，尊卑乱，贫富悬殊，政教乖误，此等混乱失常遂使思想锐敏之士，劳神苦思以求拨乱反正之道。在此种气氛中，更兼以思想之极端自由，智慧明敏之士遂各抒己见，如百花齐放，竞妍争香，乃形成中国哲学之黄金时代。或蔑弃礼教如老庄；或主张人人当亲手工作以谋生，如萌芽期之共产主义，如许行及其门人；墨子则倡单一神祇，崇爱上帝，教人重人道，勿自私，甚至窒欲苦行，竟趋于极端而排斥音乐；此外尚有诡辩家、苦行家、快乐主义者、自然主义者，等等，不一而足。于是，不少人，如今日之欧洲人一样，开始对文化表示怀疑，而想返回太古之原始生活，正如今日若干思想家要返回非洲丛林中或到爪哇以东之巴厘岛一样。而孔子则如现代的基督徒，他相信道德力量，相信教育的力量，相信艺术的力量，相信文化历史的传统，相信国际间某种程度的道德行为，相信人与人之间高度的道德标准，这都是孔子部分的信念。

在《礼记 · 儒行》篇里，我们可以看出儒家与其他各派的差异。“儒”这个字，在孔子时便已流行。而称为儒的一派学者，大概是特别的一批人，他们在观点上持保守态度，精研经史，其儒冠儒服正表示他们对古代文化的信而不疑。下面的几段摘录文字足以表示儒家的高度道德理想。

鲁哀公问于孔子曰：“夫子之服，其儒服欤？”孔子对曰：

“丘少居鲁，衣逢掖之衣。长居宋，冠章甫之冠。丘闻之也，君子之学也博，其服也乡。丘不知儒服。”

哀公曰：“敢问儒行？”孔子对曰：“遽数之，不能终其物。悉数之乃留，更仆未可终也。”哀公命席，孔子侍曰：“儒有席上之珍以待聘，夙夜强学以待问，怀忠信以待举，力行以待取。其自立有如此者。

“儒有衣冠中，动作慎。其大让如慢，小让如伪；大则如威，小则如愧。其难进而易退也，粥粥若无能也。其容貌有如此者。

……

“儒有可亲而不可劫也，可近而不可迫也，可杀而不可辱也。其居处不淫，其饮食不溽，其过失可微辨而不可面数也。其刚毅有如此者。

……

“儒有今人与居，古人与稽。今世行之，后世以为楷。适弗逢世，上弗援，下弗推。谗谄之民，有比党而危之者。身可危也，而志不可夺也。虽危，起居竟信其志，犹将不忘百姓之病也。其忧思有如此者。

“儒有博学而不穷，笃行而不倦，幽居而不淫，上通而不困。礼之以和为贵，忠信之美，优游之法，举贤而容众，毁方而瓦合。其宽裕有如此者。”

在此等列国纷争、王室陵夷、封建制度日趋崩溃之际，孔子的教义自然不难了解，尤其是孔子以礼乐恢复封建社会的用心之所在。孔子的教义我认为含有五项特点，对了解儒家教义至为重要。

政治与伦理的合一

孔子特别重视礼乐，关心道德这些方面，西方人往往不甚了解。可是把孔子心目中的社会秩序表现得更好，再没有别的字眼比“礼乐”一词更恰当了。孔子回答弟子问为政之道时说（子张问政，子曰）：“师乎，前，吾语汝乎？君子明于礼乐，举而错之而已。”（谓举礼乐之道而施之于政事。见《礼记》第二十八篇《仲尼燕居》）听孔子说这种话，似乎过于幼稚天真。其实从孔子的观点看，这也容易了解。我们若记得孔子对“政”的定义是“政者正也”，自然不难了。换言之，孔子所致力者是将社会之治安置于道德基础之上，政治上之轨道自然也由此而来。《论语》上有这样的对话：

> 或谓孔子曰：“子奚不为政？”子曰：“《书》云：‘孝乎，惟孝。友于兄弟，施于有政。’是亦为政，奚其为为政？”

换言之，孔子差不多可算做一位无政府主义者，因为他的最高政治理想在于社会上大家和睦相处，因此管理社会的政府已然没有必要。这个意思在这几句话里，也暗示出来，他说："听讼，吾犹人也。必也，使无讼乎？"但是如何才可以达到此等无讼的地步呢？他在后文里另有说明。但是切莫误解的是，孔子为政最后的目的，与刑罚礼乐的目的是相同的。在《礼记·乐记》中说："礼以道其志，乐以和其声，政以一其行，刑以防其奸。礼乐刑政，其极一也，所以同民心而出治道也。"

孔子从不满足于由严刑峻法所获致的政治上的秩序，他说："道之以政，齐之以刑，民免而无耻。道之以德，齐之以礼，有耻且格。"在政治上孔子认为有两种等级，他曾说，齐国再往前进步，就达到鲁国的文化程度，也就是达到了第一阶段的治世；鲁国若再往前进一步，就达到了真正文明的地步，也就是达到了第二阶段的治世。

礼——理性化的社会

儒家思想，在中国被称为"孔教""儒教"或是"礼教"。西洋的读者会立刻觉得礼字的含义比纯粹的礼仪要复杂得多，或者觉得孔子的思想是一套假道理。我们对这个问题必须严正从事，因为"礼乐"一词在孔门著作里屡见不鲜，似乎包括孔子对社会的整套制度，正如"仁"字似乎包括了孔子对个人行为的教训精髓一样。“礼乐”一词的精义及其重要性，在本书第六、七、八三章将有详细的讨论。现在只需要指出孔子自己对“政”与“礼”的定义是一而二,二而一的。政是“正”，而礼则是“事之治也”（见《礼记》第二十八篇）。中国这个“礼”字是无法用英文中的单词表示的。在狭义上看，这个字的意思是“典礼”（ritual），也是“礼节”（propriety），但从广义上看，其含义只是“礼貌”（Good Manners）；在最高的哲学意义上看，则是理想的社会秩序，万事万物各得其宜，所指尤其是合理中节的封建社会。如前所述，当时的封建社会正在崩溃当中。

孔子力求实现自己的理想，乃致力于恢复一种社会秩序，此种社会必须人人相爱，尊敬当权者，在社会上公众的拜祭喜庆，必须表现在礼乐上。当然，这种拜祭的典礼一定是原始的宗教典礼，不过我们所谓的“礼教”，其特点为半宗教性质。因为皇帝祭天，这是宗教性质的一面，但在另一面则是教导百姓在家庭生活上要仁爱守法敬长辈。在祭天、祭当权者的祖先、祭地、祭河川、祭山岳，这等宗教性的祭祀则各有不同。在《论语》与《礼记》上有若干次记载，记孔子并不知道这些祭拜与皇室祖先的意义，如果知道，则治天下便易如反掌了。在这方面，儒家的思想类似摩西大部分的戒律，若在儒家的教义上把孔子与摩西相比，则较与其他哲学家相比容易多了。儒家所倡的礼也和摩西的戒律一样，包括宗教的法规，也包括生活的规范，而且认为这二者是不可分的一个整体。孔子毕竟是他那个时代的人，他是生活在正如法国哲学家孔德（Comte）所说的“宗教的时代”。

再者，设若孔子是个基督徒，毫无疑问，他在气质上，一定是个“高教会派”的教士（High Churchman——英国国教中，重视教会权威及仪式之一派），不然便是圣公会教士（Episcopalian），或是个天主教徒。孔子喜爱祭祀崇拜的仪式，所谓“我爱其礼”，当然不只是把仪式看做缺乏意义的形式，而是他清楚了解人类的心理，正式的礼仪会使人心中产生虔敬之意。而且，正像圣公会教士和天主教教士一样，孔子也是个保守派的哲人，相信权威有其价值，相信传统与今昔相承的道统。他的艺术的美感十分强烈，必然是会受礼乐的感动，《论语》上此种证明很多（参看本书第五章第二节“孔子的感情与艺术生活”）。祭天与皇室的祭祖会引起一种孝敬之感，同样，宴饮骑射在乡村举行时，伴以歌舞跪拜，会使乡人在庆祝之时遵礼仪守秩序，在群众之中这也是礼仪的训练。

所以，从心理上说，礼乐的功用正复相同。儒家思想更赋予礼乐歌舞以诗歌的优美。我们试想孔子本人就爱好音乐，二十九岁就从音乐名家学弹奏乐器，并且虽在忧患之中，也时常弹琴自娱，因此他将礼乐并重，也就不足为奇了。孔子时代的六艺，在孔门经典中清清楚楚指出为礼、乐、射、御、书、数。孔子在六十四岁时，删订《诗经》，据说经过孔子编辑之后，其中的诗歌才算分类，各得其所，而且各自配上适当的音乐。事实上，据记载，孔子自己讲学的学校，似乎不断有弦歌之声。子游为武城宰时，开始教百姓歌唱，孔子闻之欣然而笑，并且向子游开玩笑。见《论语·阳货》：

> 子之武城，闻弦歌之声。夫子莞尔而笑曰："割鸡焉用牛刀？"子游对曰："昔者偃也，闻诸夫子曰：'君子学道则爱人，小人学道则易使也。'子曰：'二三子，偃之言是也。前言戏之耳。'"

礼乐的哲学要义由《礼记·乐记》可见：

> "观其舞，知其德。"（见一国之舞，知其国民之品德。）
>
> "乐自中出，礼自外作。"（音乐发自内心，礼仪生自社会。）
>
> "乐者，乐也。人情之所不能免也。"（音乐表喜乐之感，此种情绪既不能抑而止之，又不能以他物代替之。）
>
> "乐由天作，礼以地制。"（音乐代表天，是抽象的；礼仪代表地，是具象的。）

国不同，其乐不同，正足以见民风之不同。

先王制礼乐，不只以餍百姓耳目口腹之欲，亦所以教民正当之嗜好，明辨邪恶，民生和顺。

礼教的整个系统是包括一个社会组织计划，其结论是一门庞大的学问，其中有宗教祭祀的典礼规则，宴饮骑射的规则，男女儿童的行为标准，对老年人的照顾，等等。将孔子的这门真实学问发扬得最好的莫若荀子。荀子与孟子同时，在学术上为孟子的敌人，其哲学思想在《礼记》一书有充分之阐述，足以反映荀子之见解（见本书第六、七、八章）。

对礼之重要有所了解，也有助于对孔子另一教义的结论之了解，即“正名”一说。孔子把他的时代及他以前两百年的政治历史写成《春秋》，其用意即在以“正名”为手段，而求恢复社会之正常秩序。比如帝王处死一叛将曰“杀”之，王公或将相杀死其元首曰“弑”之。再如春秋诸国里，非王而自称王者，孔子仍以其原有合法之头衔称之，即所以示贬也。

仁

孔子的哲学精义，我觉得是在他认定“人的标准是人”这一点上。设非如此，则整个一套儒家的伦理学说就完全破产，亦毫无实行的价值了。儒家整套的礼乐哲学只是“正心”而已，而神的国度正是在人心之中。所以个人若打算“修身”，最好的办法就是顺乎其本性的善而固执力行。这就是孔子伦理哲学之精义。其结果即“己所不欲，勿施于人”（见本书第五章“《论语》”）。关于仁，孔子有极精极高的含义，除去他的两个弟子及三个历史人物之外，他是绝不肯以仁这个字轻予许可的。有时有人问他某人可否算得上“仁”，十之八九他不肯以此字称呼当世的人。在本书“《中庸》”一章里，孔子指出“登高必自卑，行远必自迩”，他有一次说，孝悌即为仁之本。

“仁”一字之不易译为英文，正如“礼”字。中文的“仁”字分开为二人，即表示其意义为人际关系。今日此字之读法同“人”，但在古代其读音虽亦与“人”相同，但只限于一些特殊词中，汉代经学家曾有引证，今日已无从辨别。在孔门经典中，“仁”这个字与今日之“人”字，在用法上已可交换，在《论语》一书还有明显的例证。在《雍也》篇，宰予问曰：“仁者虽告之曰：‘井有仁焉’，其从之也？”足见“仁”与“人”在这里通用。由此可见“仁”与“人”之间的联想是显然可见的，在英文里，human，humane，humanitarian，humanity 这些词，其中最后一词就含有 mankind 和 kindness 两词的意思。孔子与孟子二人都曾把“仁”字解释为“爱人”。但是此事并不如此简单。第一，如我所说，孔子不肯把仁字用来具体指某个真人，同时，他也未曾拒绝举个“仁人”的实例。第二，他常把这个“仁”字描写为一种心境，描写为人所“追寻”、所“获得”的状态，心情宁静时的感受，心情中失去“仁”以后的情况，心中依于“仁”的感受。而孟子则曾说“居于仁”，好像“居于室”一样。

所以仁的本义应当是纯乎本然的状态。准乎此，孟子开始其整套的人性哲学的精义，而达到人性善的学说。而荀子相信人性恶，关于教育、音乐、社会秩序，更进而到制度与德行上，则走了孔子学说的另一端，发展了“礼”字的观念，而置其重心在“约束”上。在普通英文的用语里，我们说我们的相识之中谁是一个 real man 或 real person，此词的含义则极为接近“仁”字。一方面，我们现在渐渐了解何以孔子不肯把“仁”这个徽章给予他当代那些好人而称之为仁者，而我们今天则愿意把 real man，real person 一词最高的含义指我们的同代人（林肯自然是当之无愧的）。另一方面，依我们看来，一个人做人接近到“仁人”的地步并不那么困难，而且只要人自己心放得正，看不起那些伪善言行；只要想做个“真人”，做个“仁人”，他都可以办得到。孔子都说人若打算做个“仁人”，只要先做好儿女、好子弟、好国民，就可以了。我们的说法不是和孔孟的说法完全相符吗？我以为，我把中国的“仁”字译成英文的 true manhood 是十分精确而适宜的。有时只要译成 kindness 就可以，正如“礼”字在有些地方可以译作 ritual（典礼），ceremony（仪式），manners（礼貌）。

实际上，孟子的理论已然发展到人性本善，已是人人生而相同的了，他还说“人人可以为尧舜”，也正是此义之引申。儒家说“登高必自卑，行远必自迩”，将此种近乎人情的方法用在德行方面，从平易平凡的程度开始。这一点足以说明其对中国人所具有的可爱之处，正好不同于墨子的严峻的“父道”（fatherhood）与“兼爱”（兼爱之说与基督的道理那么相近）。儒家有合乎人情的思想，才演变出以人作为人的标准这条道理。这样，不仅使人发现了真正的自己，使人能够自知，也自然推论出“己所不欲，勿施于人”的恕道。孔子不仅以此作为“真人”“仁人”的定义，并且说他的学说是以恕道为中心的。“恕”字是由“如”与“心”二字构成的。在现代中文里，“恕”字常作“饶恕”讲，所以有如此的引申是不难看出的。因为你若认为在同一境况下，人的反应是相同的，你若与别人易地而处，你自然会持饶恕的态度。孔子就常常自已推己及人。最好的比喻是：一个木匠想做一个斧子的把柄。他只要看看自己手中那把斧子的把柄就够了，他无须另求标准。人就是人的标准，所谓推己及人是也。

修身为治国平天下之本

儒家对政治问题所采取的伦理方法已然讲解清楚。最简明的说法是：孔子相信由孝顺的子孙、仁爱的弟兄所构成的国家，一定是个井井有条、安宁治安的社会。儒家把治国平天下追溯到齐家，由齐家追溯到个人的修身。这种说法颇类似现代教育家所说，现在天下大乱在于教育失败一样。把世界秩序作为最终目的，把个人修身作为基本的开始，这二者之间的逻辑关联，在本书“《大学》”一章中有详明的叙述。可再参阅第三、四、六、七、八各章。中国人对格言谚语的重视，由此看来，自然不难明白，因为那些格言谚语并非彼此独立、毫无关联，而是一套内容丰富、面面俱到的哲学。

从现代心理学上看，这条道理可以一分为二，就是习惯说与模仿说。对孝道的重视（我不妨译作“当好儿女”）是以习惯说为其基础的。孔子、孟子都分明说在家养成了敬爱的习惯，将来对别人的父母与兄长也一定会恭敬，对国家的元首也会敬爱。本书第四章中有：家家习于仁爱，则全国必习于仁爱；家家习于礼让，则全国必习于礼让；使弟子敬爱父母兄长及尊敬长辈，必能为良善国民奠定正确的心态与道德的基础。

十

模仿学说，或可称之为楷模的力量，产生了知识阶级与“贤人政治”。知识分子这个上层阶级，必须同时是道德的上层阶级，否则便失去其为上层阶级的资格了。这就是孔子所说的君子的含义，是尽人皆知的。孔子所说的君子，绝不是德国哲学家尼采所说的“超人”。君子是在道德上仁爱而斯文的人，他同时好学深思，泰然从容，无时无刻不谨言慎行，深信自己以身作则，为民楷模，必能影响社会。不论个人处境如何，无时不怡然自得，对奢侈豪华，恒存几分鄙视之心。孔子的道德教训全表现在绅士身上。中文里的君子一词，在孔子时已然流行，只是孔子另赋予新义而已。在有些地方，其过去的含义与“君王”相同，绝不可译成英文中之 gentleman；在其他地方，其含义显然是指有教养的绅士。由于有士大夫这种上层阶级，君子一词的两种含义便互相混合了，其所形成的意思，颇类似希腊哲人柏拉图所说的“哲人王”。关于以身作则或者说是身教，其力量如何，这种学说在《论语·述而》有充分的讨论。对于道德行为之影响力量，孔子是过于自信的。有一次，一个贪官季康子告诉孔子，他国内盗匪横行，窃贼猖獗，他深以为忧，孔子很直率地告诉他：“苟子之不欲，虽赏之不窃。”（你本人若不贪，你赏窃贼让他去偷窃，他也不会去的。）

二、孔子的品格述略

在孔子去世后数百年，以及再往后的中国历史上，孔子本人的声望之高及其遗教地位之隆，要归之三个因素。第一，孔子思想对中国人特具吸引力；第二，中国古典学术与历史知识为孔门学人所专有，而当时其他学派对中国古典及历史则不屑一顾，同时，中国此等古代学问本身即极为宝贵；第三，孔子本人的人品声望使人倾慕。在我们这个世界上，有些伟大师表人物，他们影响之大多半由于其人品可爱，反倒不是由于他们的学问渊深。我们想到古希腊哲人苏格拉底、意大利圣人圣方济各，他们本人并没有写过什么重要的著作，但是给当代留下那么深厚的印象其影响乃不可磨灭，竟至历久而弥新。孔子的可爱之处正与苏格拉底可爱之处一样。苏格拉底之深获柏拉图的敬爱，就足以证明是由于他的人品与思想使然。诚然，孔子删《诗经》、著《春秋》，但是孔子谆谆教人的传统只是由弟子及日后的信徒记录下来的。

在儒家著述中，对孔子的人品有许多不同的描写。我们在本书第三章论《中庸》时，曾先提到一些。孔子的弟子颜回曾赞美孔子，把他高捧到云天之上，将他比做神秘不可知之物，颜回说："仰之弥高，钻之弥坚；瞻之在前，忽焉在后。"下面有几段文字，可算做描写孔子最好的文字。一段是："子温而厉，威而不猛，恭而安。"孔子自己的描述尤其好。一次，一位国君向孔子的一个弟子问孔子是何等人，弟子并未回答。他回来之后将此事告诉孔子。在《论语》中有这样文字："叶公问孔子于子路，子路不对。子曰：汝奚不曰：'其为人也，发愤忘食，乐以忘忧，不知老之将至云尔。'" 在这段夫子自道的文字里，我们不难看出孔子生活的快乐、热情及其力行的精神。孔子有好几次说他自己不是圣人，只是自己“学而不厌，诲人不倦”而已。下面有一段文字，可以说明孔子的奋勉力行。（原书此处漏排——编者注。）这表示孔子是有其道德的理想，自己知道自身负有的使命，因此深具自信。

孔子的品格的动人处，就在他的和蔼温逊，由他对弟子说话的语气腔调就可清清楚楚看得出。《论语》里记载的孔子对弟子的谈话，只可以看做一个风趣的教师与弟子之间的漫谈，其中偶尔点缀着几处隽永的警语。以这样的态度去读《论语》，孔子在最为漫不经心时说出只言片语，那才是妙不可言呢。比如说，我就好喜欢下面这一段：一天，孔子和两三个知己的门人闲谈时，他说：“你们以为我有什么话不好意思告诉你们两三个人吗？说实在话，我真是没有什么瞒你们的。我孔丘生性就是这种人。”原文是：

子曰：“二三子，以我为隐乎？吾无隐乎尔。吾无行而不与二三子者，是丘也。”

还有一次，因为子贡爱批评人，孔子不是用客气话称他的号，而是叫他的名字说：“喂，赐啊，你是够聪明的，是不是？

我可没有那么多闲工夫！”原文是：

> 子贡方人（批评人），子曰：“赐也，贤乎哉！夫我则不暇。”

还有一次，孔子说：“天天吃得饱饱的，什么也不做，只知道鬼混。这太不像话了。不是有人赌博下棋吗？那也比闲着无所事事好呀。”原文是：

> 子曰：“饱食终日，无所用心，难矣哉！不有博弈者乎？为之，犹贤乎已。”

又有一次，孔子对弟子的行为开了一次玩笑，听了孔子的话，弟子大惑不解。孔子告诉弟子说：“前言戏之耳。”言外之意是孔子并不反对那件事，而是赞成。这因为孔子的确是个乐天派的老先生。不管谁想向他求教，他都以高雅的态度表示欢迎。由下面一件事就可见出，这件事也正像基督教《新约》上的记载，耶稣一次向门徒说：“让小孩子们到我跟前来。”那件事是这样：一个村子的居民因不老实而讨人厌，村里有几个年轻人去见孔子，孔子的弟子知道孔子居然接见了他们，对此事颇不以为然。孔子说：“干什么对他们那么凶？我认为，重要的是他们肯来向我请教，而不是他们走后的行为如何。人家既然诚心诚意地来见我，我就很重视他们那份诚意，当然我不能担保他们以后的行为如何呀。”

这段原文如此：

互乡难与言。童子见，门人惑。子曰：“与其进也，不与其退也。唯何甚？人洁己以进，与其洁也，不保其往也。”

但是孔子可不是永远温和高雅，因为他也是一个活生生的“真人”。他能歌唱，也能十分谦恭有礼，但是他也能像普通一个真人那样恨人，那样鄙视人，正和耶稣之恨那些犹太法学家法利赛人一样。我们这个世界上从来就没有一个伟人不是疾恶如仇的。孔子有时也能十分粗野，《论语》就记载他老人家有四五次当着人面说出很刻薄的话。他那种粗野，今日的儒家都不敢表现，都办不到了。孔子恨之入骨的就是那些善恶不分的好好先生，那些伪善的“乡愿”，他说那是“德之贼”。有一次，一个乡愿式的人物叫孺悲的，要见孔子。《论语》上这样记载：

孺悲欲见孔子。孔子辞以疾。将命者出户，取瑟而歌，使之闻之。

这明明是要孺悲听见孔子在家。这段文字使所有的孔学家茫然不解。因为他们以为孔子是圣人，不是肉体凡胎的人，一向是彬彬如也恭而有礼的。这种正统的见解自然全然剥夺了孔子的人性。《论语》里另一段文字也使儒家学者感到困惑，在《孟子》一书中也有记载。那故事是这样：一个贪官名叫阳货，送给孔子一只猪蹄髈。因为阳货与孔子二人彼此毫无好感，阳货单找孔子不在家时，把一只猪蹄髈送到孔家，用以表示对孔子的敬意。孔子也特别用心，趁阳货不在家时前往道谢，留下了自己的名片。《论语》上有这样一段文字：

> 阳货欲见孔子，孔子不见。归孔子豚。孔子时其亡也，而往拜之……

弟子有一次向夫子问当代的王公大人为何等人物，孔子回答说："那些都是酒囊饭桶啊！"

又有一次，孔子评论一个以在母丧中歌唱出名的人。孔子斥责他说："你年轻时，狂妄不听教训。长大时，你一事无成。现在你老了，又老而不死。你简直是个祸害！"于是孔子用手中的杖打原壤的腿。在《论语》里有下列这段文字：

> 原壤夷俟（原壤蹲在地下等候孔子），子曰："幼而不孙

弟，长而无述焉，老而不死，是为贼。”以杖叩其胫。

事实上，在孔子的所言所行上有好多趣事呢。孔子过的日子里那充实的欢乐，完全是合乎人性，合乎人的感情，完全充满艺术的高雅。因为孔子具有深厚的情感，敏锐的感性，高度的优美。孔子的得意高足颜回不幸早逝，孔子哭得极为伤心。有人问他为什么那么哭，为什么哭得浑身抽搐颤动，他回答说：“我哭得太伤心了吗？我若不这么哭他，我还为谁这么痛哭呢？”原文是：

颜渊死，子哭之恸。从者曰：“子恸矣！”曰：“有恸乎？非夫人之为恸，而谁为？”

有一次，孔子偶然经过一个老相识的丧礼，就进门去吊祭，看见别人哭，受了那哀哭的感动，自己也哭起来。他出来之后，让弟子把他的鞍鞯上拿下一个零件来，给丧家送进去，作为祭礼，并且说：“拿进去当做祭礼吧。平白无故去哭祭，不带什么礼品最讨厌了。”由此可见孔子很容易受感动，也很容易流眼泪，可见孔子的感情是多么丰富。

孔子这个人，能歌唱，能演奏乐器，如琴瑟等，并且把《诗经》重编，再配上音乐，他当然是个艺术家。我曾指出，孔子是个爱好礼乐的人。由下面一事，亦可以证明孔子是具有基督教圣公会那样宗教家的气质，雅爱礼仪音乐；但和耶稣对于律法、先知及宗教中的仪礼之不甚措意、不那么喜爱，则正好是个鲜明的对比。在安息日，耶稣曾命人到一个地洞里去救一头牛。对这种事，孔子也许赞成，也许不赞成。孔子的弟子子贡有一次提议把祭祀典礼上的羊省去，孔子说："赐啊，你爱那只羊，我爱的是那典礼啊。"《论语》上那段原文是这样：

子贡欲去告朔之饩羊。子曰："赐也，尔爱其羊，我爱其礼。"

不管怎么样，我们可以说，孔子是对动物不太关心的人。因为，还有一次，孔子听说他家的马棚着了火，他只问有没有人受伤，他不问马如何。《论语》上此一段原文是：

厩焚。子退朝，曰："伤人乎？"不问马。

由于孔子有深厚的艺术气质，他才说人的教育应当以学诗开其端，继之以敦品励行，最后"成于乐"。又据记载，孔子如果听人唱歌而自己也喜欢时，他总是请人再唱一次，而且自己也在重叠唱词之处参加歌唱。由于孔子具有此等艺术气质，他对饮食衣着也很挑剔。我曾在别处指出来，他对饮食如此挑剔，可能就是他妻子弃他而去的原因（见林语堂著作《生活的艺术》）。比如说，菜的季节不对，那种菜孔子不吃；烹调的方法不对，孔子不吃；用的作料不对，孔子也不吃。而且席位不正他还不肯坐。穿的衣裳怎样配颜色，他也很有眼光。现代的女裁缝很容易了解为什么孔子要用黑羔羊皮袍子配黑面子，白羊皮袍子配白面子，而狐皮则配黄面子。孔子在衣裳上也小有发明之才。他盖的被子超过他本人的身长一半，这样好免得脚冷。为了做事方便，他要右袖子比左袖子短，他难得想到这样妙主意，但是这个妙主意可能惹他夫人生气，且气跑了（以上见《论语 · 乡党》，及本书第五章第二节）。孔子的贵族气质甚至使孔子趋向于休妻。孔子本人及其后的两代，他儿子及孙子不是休妻便是与妻子分居。在孔门儒家传统上，孔子本人，他的大弟子曾子，曾子的门人子思，这三代期间都不断有休妻的记载。据记载，儒学第四代大师孟子（受业于子思之门），也几乎把妻子休掉。这几位儒学大师虽非特别富有，但都是贵族，当无疑问。

孔子的最重要的若干特点之一，就是孔子的学问渊博而毕生好学。这足以真正说明为何他的声望如此之隆。孔子本人也屡次说过这种话。孔子自己承认并非那种“生而知之者”，他只是一个“学而不厌，诲人不倦”的人而已。他承认“十室之邑，必有忠信如丘者焉。不如丘之好学也”。他认为可忧愁的若干事之中有一件，那就是荒废学业。他说的话里我发现有一句，其中所显示出的遗憾，正和现代考古学家所感到的遗憾完全相同。他想重建古代的宗教礼仪，于是到杞国去求访夏代的古俗遗物，到宋国以求访商代宗教习俗礼仪，但是并无所获。他说：“夏礼吾能言之，杞不足征也。殷礼吾能言之，宋不足征也。文献不足故也。足，吾能征之矣。”换句话说，孔子根本上是个历史学家，他力图从当时尚存的风俗古物以及文献之中，去研究并保存已然淹没的古代礼仪制度。他竭尽精力之所得，就是他整理编著的“五经”。严格说，正如清朝学人章学诚所说“六经皆史”，所以“五经”就是史书，自与“四书”不同。我想孔子之如此受人仰望，并不见得怎么由于他是当年最伟大的智者，而倒是由于他是当年最渊博的学人，他能将古代的经典学问授予徒众。当时有很丰厚的古代政治制度的学问，也有更为丰富的有关古代宗教典礼的知识，那些古代神权政治有些部分已然没落，有的已日趋衰微，尤其商朝那套古礼，这些情形，由孔子手订的“五经”里即可看出。据说孔子有弟子三千人，其中七十二人精通《诗经》《尚书》《礼记》、音乐。孔子坚信历史的价值，因为他相信人类文化必然会继续。在本书第三章“《中庸》”内，可以看出孔子认为在治国平天下的大业上，有三个必要条件：个人的道德、政治地位、历史的传统，缺一而为政，不足以成功，不足以立信。政治制度不论如何好，单此一个条件，也无成功之望。孔门的学术研究，结果发展成为历史丰厚的遗产，而当时其他学派，在此方面则全付阙如。因此我个人相信，儒家之能战胜其他学派如道家、墨家，一半是由于儒家本身的哲学价值，一半也由于儒家的学术地位。儒家为师者确实可以拿出东西来教学生，而学生也确实可以学而有所收获。那套真实的学问就是历史，而其他学派只能夸示一下自己的意见与看法，“兼爱”也罢，“为己”也罢，没有具体的内容。

关于孔子和蔼可亲的风趣，必须在此一提。因为这可以说明我在前面所说孔子所过的生活是充实而快活的日子，这和宋朝理学家那种窒息生机、大煞风景的教条是大异其趣的，并且由此也可以看出孔子的单纯和伟大。孔子不是一个爱“耍嘴皮子”的人，但有时候他也不由得说几句俏皮话，像下面几句便是：“凡是自己不说‘怎么办呢？怎么办呢？’的人，我对这种人也没法怎么办。”《论语》的原文是：

子曰：“不曰‘如之何？如之何？’者，吾未如之何也已矣。”

他又说：知道自己犯了过错而不肯改，那是又犯了过错。有时孔子也用《诗经》上的句子小发风趣诙谐之词。《诗经》上有一首诗，在诗里情人说“不是不想念，而是你家离得太远了”，才没法与他相会。孔子论到这首诗时说：“我看那女的心里根本就不想那个男的，否则怎么会嫌路途遥远呢。”《论语》里原文为：

“唐棣之华，偏其反而。岂不尔思，室是远而。”子曰：“未之思也。夫何远之有？”

但是我们觉得孔子独具的风趣，也就是最好的风趣，那种风趣是孔子在挖苦自己时自然流露出来的。孔子有好多时候可以嘲笑自己表面的缺点，或是承认别人对他的批评正中要害。他的风趣有时只是他们师生之间偶尔轻微的玩笑而已，并无深意可言。有一次，一个村民说：“孔子真够伟大的！什么都通，件件稀松。”孔子听见这样的批评，就对学生说：“那么我要专攻什么呢？是射箭呢？还是驾车呢？”《论语》上的原文是：

达巷党人曰：“大哉孔子！博学，而无所成名！”子闻之，谓弟子曰：“吾何执？执御乎？执射乎？吾执御矣。”

和这里相关联的还有一件事。孔子一次向学生开玩笑说：“若是能发财，让我去给人赶马车我都干。若是办不到，那还是从我之所好吧。”《论语》原文是：

> 子曰：“富而可求也，虽执鞭之士，吾亦为之。如不可求，从吾所好。”

又孔子周游列国，政治的谋求终不得意，有一次，子贡说：“这儿有一块宝玉，在盒子里装着出卖，是不是待高价卖出呢？”孔子说：“卖！当然卖！我就是正等着高价卖出呢！”《论语》原文是：

> 子贡曰：“有美玉于斯，韫椟而藏诸？求善价而沽诸？”
> 子曰：“沽之哉！沽之哉！我待贾者也。”

如果评论或注解《论语》的人，不肯把这种文字看做是孔子的风趣或诙谐，那就陷入了困难，弄得十分尴尬。而事实上，孔子和弟子往往彼此开玩笑。有一次，孔子周游列国时，路途中遇到了困难。孔子被村民误认作欺负村中人而遭兵丁围困。最后终于逃出来，但是得意高足颜回却晚到了。孔子对他说：“我以为你死了呢。”颜回回答说：“老师您还健在，我怎么敢死！”《论语》原文是：

> 子畏于匡，颜渊后。子曰："吾以汝为死矣。"曰："子在，回何敢死？"

另一次，孔子及诸弟子在路途中失散。弟子后来听见一群人说，有一个人，高大个子，脑门很高，好像古代的帝王，在东门那儿站着呢，那副垂头丧气的样子，简直像个丧家之犬。弟子后来终于找到孔子，就把这些话告诉了孔子。孔子说："我像不像古代的帝王，我倒不知道。至于说我像个丧家之犬，他说得不错！一点儿也不错！"《史记·孔子世家》中有下面一段文字：

> 孔子适郑，与弟子相失。孔子独立郭东门。郑人或谓子贡曰："东门有人，其颡似尧，其项类皋陶，其肩类子产，然自要以下，不及禹三寸。累累若丧家之狗。"子贡以实告孔子，孔子欣然笑曰："形状，末也。而谓似丧家之狗，然哉！然哉！"

这真是最富有风趣的话。而最为我喜爱的，是孔子真个在雨中歌唱（见本书第二章"孔子生平"）。事实是，孔子带领弟子这一群学者到处漂泊，在陈、蔡两国之间的旷野荒郊，彷徨踯躅，历时三载，饱经艰险。虽然满腹经纶，竟找不到个安身之处，这种生不逢时，也实在令人恻然。那些年的周游列国之后，孔子觉得无法施展政治上的抱负，乃返回山东故乡著书立说，编辑经典。他把自己和门生比做非牛非虎无以名之的一群兽，在旷野中流浪。他紧接着问门人，他自己到底有什么错误，有什么可非难之处。学生中第三个人回答之后，孔子觉得满意，向这些巧于应对的门人笑着说："颜回，是这样吗？你若家中富有，我愿到你家当个管家。"这一段话真使我倾倒，使我好喜爱孔夫子。从这一整段看，这种师生的关系之美、之哀感动人，真可以与《圣经》中叙述耶稣被捕时那段文字相比，只是孔子这一段是个欢乐的收场，与耶稣不同而已。

三、本书的取材及计划

本书前面提到过，儒家把古代中国的史学已然是独自掌握了，这其中包括当时已然成为古文的中国文字，而他们专精的史学就是儒家传之于后世的"五经"。在公元前 213 年（秦始皇三十四年），秦始皇下令，除去医药、天文、农业诸种书籍之外，其他书籍一律焚毁。次年，因当时儒生批评这位修筑万里长城的秦始皇，他又下令活埋了儒生四百六十人。没想到秦始皇创立的这个"万世"的帝国，在屠杀儒生的五年之后，竟会溃灭，而焚书以前曾经能背诵儒家经典的儒生还有健在的。这些老儒生便凭记忆口头背诵出那些经典，大概又借着当时他们藏匿的部分竹简，算把那些经典从这一空前的文化浩劫中抢救了。那些老儒生就以自己记诵的那一套学问传授学生，又把那些经典写出来，因为中国文字在秦始皇统治期间由李斯将大篆简化成为小篆，字形上已有很大的变化，当时儒生写出经典所用的文字是当时的文字，所以叫做“今文”。此后百年间，有上面刻着古文的竹简陆续发现，总算逃过了劫难。最主要的是汉武帝末年鲁共王拆孔子宅所发现墙壁中隐藏的《礼记》《论语》《孝经》，全是秦前的籀文。因为是古文，其时群儒开始用当时的“今文”翻译阐释，此事虽然艰巨，但还可以译出。因此之故，中国古代经典便出现了古文版本，此种根据古文译出的经典便与今文版本的经典有了差异，尤其是关于古代社会、政治，与远古帝王神话性的记载。今文派与古文派的差异在汉代已然明显，当时经学大师郑玄极力想做调人，想牵合而融通之。汉后诸朝正统儒者说《诗经》与《春秋》者，皆依据古文本，而《礼记》（亦为“五经”之一）则依据今文本。直到清朝，经学家采用科学的比较方法恢复了今文本的地位，两种版本的差异才判然以分。经过运用每一片段的证据，每一种历史批评的方法与哲学研究，其最为出色的成就，则是证明《尚书》五十八章之中有二十五章为伪造，因此确定了《尚书》实为三十三篇，这正是《今文尚书》的版本。一般而论，并非是古文为伪造，而是我们现行的古文本是伪造的。

“儒家经典”一词，指的是“五经”和“四书”。前面已然提过，“五经”是古史，是孔门的学问，经过孔子编订，孔子也以之授诸生并传给了后代。而“四书”，大体而论，则代表孔门弟子的著作，是其弟子记载孔子说的话与孔子思想的阐述。有时我们也说“十三经”。“十三经”中所包括的书名由书后的附表中可以看出。我们要知道，在孔子当年，那时说“六经”而非“五经”。所加上的一经为《乐经》,《乐经》之中今日尚存在人间的，是《礼记》中的《乐记》(见本书第十章)。

通常研究孔子的智慧，都是直接从“四书”下手，这是一种错误，因为这种方法没有什么结果。原因是，“四书”是一部未经编辑杂乱无章的孔子语录，往往是从别处记载的长篇论说中摘来的语句，原来在别处时，其含义清楚得多。还有，在不同的章节内也有重复的引用语句，计有二十处，这足以表示《论语》这部书是由数人动手写的，并未经一人编订。有数章显然是由曾子的门人编写，其中曾子说的语句特多。每一章中各种含义不同的语句，都未按层次种类分别编定；有时可以看出一个主旨所在，更多的时候则不能，在若干章之后，很明显地可以看出有后人的增补部分，有时不是在章节后增补，而是在正文中间插入的。本书第十章的《乐记》，显然并不完整。

西方人读《论语》而研究儒家思想时，最大的困难在于西方人读书的习惯。他们要求的是接连不断地讲述，作者要一直说下去，他们听着才满意。由书中摘取一行一句，用一两天不断去思索，在头脑中体会消化，再由自己的反省与经验去证实，他们根本就不肯这样。而事实上，在读《论语》时，必须把个别的格言警句分开，逐日分别去咀嚼，不要贪多，同时去思索，这才是读《论语》这部书的方法。但是对现代的读书人来说，这显然办不到。再者，谁也不能只靠读《论语》一部书，而对孔子思想的发展得到全面一贯的认识。

这就是为什么我不得不从儒家经典中选出若干章来，因为这些章代表前后连贯的思想，而这些文章是属于一个系统的，是集中于一个主题的。事实上，在《礼记》中有孔子连续一贯的对白，本书第六、七章便是明证。在第三、四章论《中庸》及《大学》时，仍然有用散文形式表达的连贯性的理论发挥。实际上，本书中我所选译的九章（《孔子世家》除外），有六章见于《礼记》，其余两章一部分选自《孟子》，另一部分是选自《论语》，而按类别排定的，还有选自《礼记》的片段。由上述可见，本书除由《礼记》中选取五章之外，还有四章（第三、四、五、十一章）表达同样内容的文字选自“四书”。“四书”在以前是儿童必读的，所以本书的编辑还是采用合乎正统的方式。“四书”中的《大学》与《中庸》，原是《礼记》中的两篇，由宋儒朱熹提升到与《论语》《孟子》并列的程度，而成为“四书”。至于《礼记》中其他各章未得升格获选，其理由就不得而知了。

通常有个问题，就是《礼记》里孔子所说的话，甚至《论语》里孔子的话，是不是精确可靠。这也引起了一个更大的问题。那就是，孔子、释迦牟尼、苏格拉底等贤哲所说的话，究竟有多少可信？比如说，柏拉图所写苏格拉底的对话，又有多少可信呢？以同样态度看《圣经》中的四福音，也发现四福音中有矛盾之处。我们也发现在《论语》《孟子》《礼记》三书之中，孔子所说的话在措辞上也微有不同。若说柏拉图在记载苏格拉底的话时，一定也染上了些柏拉图自己的笔调语气，这是无可避免的。《礼记》中好多章，一定也难免此种情形。现代政界名人曾受记者访问过的，一定深信记者笔下的文字和他自己所说的话实在不可能完全相同。除去录音之外，绝没有别的方法能使政客相信那是他亲口说的话。

我曾在前提过，《礼记》只是儒家所独自搜集的各式各样古代的记录文字，其来源一定是纷杂不一。这些篇文字（其中包括《中庸》），后人归诸孔子的孙子子思所作，其他若干篇，尤其是在《大戴礼记》中的，毫无疑问是子思或是子思的门人传下来的。论教育与音乐的文字，毫无疑问反映出荀子的思想。荀子与孟子同时，虽然也属儒家，但孟子鄙视他。另外，《礼记》中有甚多部分专论丧礼，占全书比例之大令人吃惊，而《大戴礼记》则对此等文字概付阙如，却有很多章讨论哲理、礼服与祭器。还有若干章论节庆风俗规矩，如婚礼、射箭、舞蹈、村中节庆、宴饮，及其他比赛（该书第四十章《投壶》，详记竞技的规矩，颇类似我们在射箭场上之所见）。第五章甚为重要，是今文本论古代行政制度的基础，正如《周礼》是古文本的基础一样。还有其他章文字叙述妇女与儿童的品行以及一般礼节规矩。比如第一章，除去讲礼仪的哲理之外，也包括下列的训教：

"不要滚米饭成团，不要将米饭抛弃在桌上，口边不可有汤流出。不可咂嘴出声，不可啃骨头，勿将鱼翻转，勿以骨头投予狗食，勿拼命挑取一块肉。勿翻松米饭以使之变凉，勿用筷子挑食稀粥。勿大声吞咽汤汁，勿将汤翻搅，勿剔牙，勿在汤内加酱油等物……用牙咬已煮熟之肉，但勿用牙咬干肉。"

《礼记 · 曲礼上》第一原文是：

> 毋抟饭，毋放饭，毋流歠，毋咤食，毋啮骨，毋反鱼肉，毋投与狗骨，毋固获，毋扬饭。饭黍毋以箸，毋嚃羹，毋絮羹，毋刺齿，毋歠醢……濡肉齿决，干肉不齿决。

这段文字读来如同《圣经 · 旧约》里的《申命记》。并且应当懂得"礼教"这个宗教，也像犹太教一样，是包括宗教崇拜与日常生活在内的，甚至连饮食也在内。

本书的计划如下：第二章首次把孔子的传记译成英文，这是孔子最早的传记，也是孔子唯一的传记，依大史学家司马迁的《孔子世家》英译的。第三章是论《中庸》，这一章给儒学系统一个完整适当的基础。第四章论伦理与政治（《大学》），虽然在伦理与政治之间，个人生活、家庭生活、国家世界之间的立论未必允当，文字则是前后一贯的论辩。第五章是经过重新排列重新选录的《论语》文本，大体而论，是本书最为隽永有味的一章。第六、七、八三章，也就是我称之为关于社会方面的"孔氏三论"，这一部分文字应当足以将"礼"的含义解释清楚。若只将礼字作礼仪或典礼讲，就大为错误了。第八章特别包括了一篇短而重要的一段文字，是孔子对世界和平与社会道德最高境界的憧憬。第九章与第十章是孔子对教育与音乐的看法，其见解、观点，是特别现代的。论音乐的第十章，也就是《乐记》，是《礼记》一书中最长的一章，实际上是从已然散失的《乐经》一书的十二章编来的。这些之后，是选自《孟子》的文字，这些文字显示了儒家哲学最重要最有影响力的发展。

第二章
孔子生平

自古以来，天下的君王贤人也算很多了，活着时都很荣耀，到他一死就什么也没有了。孔子仅是一个平民，他的道统家世至今传了十几代，学者们都崇仰他。从天子王侯以下，凡是中国研讨六经道艺的人，都将孔夫子的话尊奉为最高的衡断标准，他真可说是一位圣明到极点的人了！

本书的孔子生平，采用司马迁的《孔子世家》，有两项重要理由。第一，因为司马迁的《孔子世家》是中国最早的孔子传记，是中国史学名著里的文章，作者司马迁不但是中国史家之祖，而且是散文大家。《史记》的地位是不能动摇的，而作者司马迁游踪甚广，曾访问孔子故乡，亦曾与当地熟知孔子逸闻旧事之父老长谈。所以我们要打算一窥孔子生活的真面貌，实在是舍此别无他途了。第二，司马迁胸襟开阔，豁达无私。他是真正的史家，不以提倡儒道尊崇孔子之心而存偏见。他虽然极其仰慕孔子，但并不属于狭义的儒家一派。因此，他是把孔子当做一个人来描绘，不是把孔子当做一个圣人来崇拜。论孔子的人，常想曲解有关孔子生活的几段文字，他们甚至用牵强的解释，否认孔子生平某些言行的真实性，而司马迁则不然。我们相信汉代大史学家司马迁头脑中孔子的面目是可靠的，因为他生活的时代是在孔子死后的三百年左右。

《史记·孔子世家》白话

世系、童年、青年（公元前551—前523年）

孔子出生在鲁国昌平乡的陬邑（今山东曲阜县东南境郰城）。他的先世本来是宋国的公族，到了叫孔防叔的，才因避祸逃来鲁国定居。防叔生了伯夏，伯夏生了叔梁纥。梁纥晚年再娶颜姓女子（《礼记·檀弓》云孔子母名徵在）才生了孔子，而且是到尼丘（一名尼山）去向神明祈祷才有孕生下孔子的。鲁襄公二十二年（公元前551年），孔子诞生。孔子刚生下时，头项中间是凹下的，所以就给他取名叫丘，字叫仲尼，姓孔氏。

孔子生下不久，叔梁纥就死了（《索隐》引《家语》云生三岁而梁叔纥死），葬在防山。防山在鲁城的东边（《括地志》云在曲阜县东二十五里），因此孔子没法确知自己父亲的坟墓所在；母亲年少葬夫，照当时礼俗不能亲去送葬，所以也说不出坟墓的详细地址。

孔子小的时候游戏，常摆起各种祭器，学着大人祭祀的礼仪动作。母亲死了（《孔子世家补订》《阙里志》诸书并云在孔子二十四岁；今人钱穆先生则云在孔子十七岁以前），就暂时浅厝在五父衢（鲁城道名）的路旁，不敢贸然深葬远处，可能是他为了谨慎的缘故吧！后来同邑人挽父的母亲，指点出孔子父亲的墓地，然后孔子才把母亲灵柩运去防山和父亲合葬在一起。

孔子腰间系着孝麻还在守丧，季孙子招宴军役之士（一说文学之士，此据方苞说），孔子前往参加。季孙的家臣阳虎拒斥他说："季民招宴要服役的士卒，是不敢招待你的。"于是孔子就退了回来。

孔子十七岁那一年，鲁国的大夫孟厘子跟随鲁昭公到楚去，回来之后，深为不能襄助行好礼仪而自责，所以在他临终前（孟厘子卒于昭公二十四年。以上一段《史记》原文略有疏误，此据《左传·昭公七年》文意改译），还告诫自己的嗣子孟懿子说："孔丘这个人，是圣人（《集解》引服虔曰：圣人谓商汤）的后裔，是在宋国受到华氏之祸才逃到鲁国来的。他先祖弗父何本来可以继位做宋君，却让给了他的弟弟厉公（《集解》引杜预曰：弗父何，宋愍公之长子，厉公之兄也。何嫡嗣当立，以让厉公）。

到了弗父何的曾孙正考父，他辅佐戴公、武公、宣公三朝，做了上卿。他每一受命，就更加恭谨，所以考父鼎的铭文说：‘第一次受命时鞠躬致敬，二次受命时折腰弓背，到了第三次受命，我的头压得更低，腰背更加弯曲了。走路时挨着墙边走，也没有人敢来侮慢我；我就用这个鼎做些面糊稀饭来清俭度日。’他就是这般恭谨俭约。我听说圣人的后裔，虽不一定能当国继位，但必然会有才德显达的人出现。如今孔丘年纪轻轻就博学好礼，这岂不就是所谓的显达的人吗？我是不久于人世的人了，你可一定要去从他求学。”孟厘子死后，懿子和鲁人南宫敬叔（《索隐》谓敬叔与懿子皆孟厘子之子，不阙更言鲁人）便去向孔子学礼。这一年，季武子死了，平子继承了卿位。

孔子早年生活，既穷苦又没地位。成年以后，曾做过仓库管理员（季氏史，《会注考证》引诸说以为当做“委吏”，孟子亦云“孔子尝为委吏矣”，今从之），出纳钱粮算量得准确清楚，也担任过管理牧场的小职务，而场中牲口就越养越多。后来，他出任主管营建的司空。过不了多久，他离开鲁国，在齐国却受到排斥，转到宋、卫两国，生活也奔波不定，又在陈、蔡两国间遭遇困厄，最后才回到鲁国。孔子身高有九尺六寸，人家管他叫“长人”，而且以奇异眼光看他。鲁国当局最后总算又对他好了，所以他才回到鲁国来的。

鲁国的南宫敬叔对鲁君说：“请帮助孔子到周去。”于是鲁君就给了一辆车子、两匹马，一个童仆随他出发，到周去学礼，据说是见到了老子。学成告别时，老子送他说："我听说富贵的人送人是用财物，仁德的人送人是用言辞。我不能够富贵，却盗取了仁人的名号，就说几句话送你，这话是：一个聪明又能深思明察的人，却常遭到困厄，几乎丧生，那是因为他喜欢议论别人的缘故；学问渊博识见广大的人，却使自己遭到危险不测，那是由于他好揭发别人罪恶的后果；做人子女的应该心存父母，不该只想到自己；做人臣属的应该心存君上，不能只顾到本身。"孔子从周回到鲁之后，门下的学生就日益增多了。

三十岁至五十岁（公元前 522—前 503 年）

这个时候，晋平公淫乱无道，六家大臣（指范氏、中行氏、知氏、赵氏、魏氏、韩氏）把持国政，不时攻打东边的国家，楚灵王的军队很强大，也常北上来侵犯中原；齐是个大国又接近鲁。鲁国既小又弱，要是归附于楚，晋国就不高兴；依附了晋，楚国就来兴师问罪；对待齐国如果不周到，齐兵就要侵入鲁国了。

鲁昭公二十年，而孔子大约是三十岁了。齐景公同晏婴来到鲁国，景公就问孔子说："从前秦穆公，国家小又地处偏僻，他能够称霸是什么原因呢？"孔子回答说："秦这个国家虽然小，目标却很远大；地位虽然偏僻，施政却很正当。（秦穆公）亲自举拔用五张黑羊皮赎来的贤士百里奚，封给他大夫的官爵，才把他从奴隶的拘禁中救出来，就和他一连晤谈三天，随后把掌政大权交给了他。从这些事实来看，就是统治整个天下也是可以的，他称霸诸侯还算成就小了呢！”景公听了很高兴。

孔子三十五岁时，季平子因为和郈昭伯比赛斗鸡结怨的事得罪了鲁昭公，昭公带了军队来打平子。于是平子就联合了孟孙氏、叔孙氏，三家一起围攻昭公，昭公兵败了，逃到了齐国，齐国把昭公安置在乾侯（今河北成安县）这个地方。过了不多久，鲁国发生乱事，孔子来到齐国，做了高昭子的家臣，想借着昭子的关系去接近景公。孔子和齐国的荣宫长讨论音乐，听到了舜时韶乐，专心地把它学起来，三个月期间，连吃饭时的肉味都觉不出来了，齐人都很称道这件事。

齐景公问孔子为政的道理，孔子说：“国君要像个国君，臣子要像个臣子，父亲要像个父亲，儿子要像个儿子。”景公听了说：“对极了！果真是国君不成国君，臣子不成臣子，父亲不成个父亲，儿子不成个儿子，就是有再多的粮食，我们能平安地吃着它吗？”改天他又问孔子为政的原则。孔子说：“为政最要紧的是在善用财力，杜绝浪费。”景公听了很高兴，打算把尼溪地方的田封给孔子。晏婴劝阻道：“儒者这种人都能言善辩，是不能用法来约束他的，态度高傲自以为是，是很难驾驭的；他们重视丧礼，长期悲痛不止，为了使丧事隆重可以倾家荡产，这种礼俗不足取法，他们不事生产，只是到处游说求职来进行政治活动，这种人不能来掌理国事。自从文王、武王、周公这些大贤先后过去，周朝王室已经衰微，礼乐的沦丧也很有些时候了。现在孔子却对仪容服饰刻意讲究，详定各种应对进退间上下快慢的礼节规矩，这些繁文缛节，就是连续几代也学不完，一辈子也弄不清楚。君子想用这一套东西来改革我们齐国的礼俗，这不是治理百姓的好办法。”此后，景公只是很客气地接见孔子，不再问起有关礼的事情了。有一天，景公慰留孔子，说：“要用像鲁国给季孙氏那样高的待遇给你，我实在做不到。”所以就以上下卿（鲁有三卿，季氏为上卿，孟氏为下卿，季孟之间，犹叔氏也）之间的礼来对待孔子。齐国的大夫有人想害孔子，孔子得到了消息。景公也说：“我老啦，没法用你了。”于是孔子就离开齐国，回到了鲁国。

孔子四十二岁那一年，鲁昭公死在乾侯，定公继位。定公继位的第五年夏天，季平子死了，桓子继位做上卿。季桓子家里掘水井，掘到了一只腹大口小的瓦器，器中有个像羊的东西，就去问孔子，并且说挖得的瓦器里有只狗。孔子说：“据我所知，那是羊。我听人说过，山林里的怪物是一种单足兽‘夔’和会学人声的山精‘罔阆’（同魍魉）；水里面的怪物是神龙和会吃人的水怪‘罔象’，泥土里的怪物，则是一种雌雄未成的‘坟羊’。”

吴国去攻打越国，把越都会稽城给拆毁了，发现一节骨头，长度就占满了一车。吴王派了专使来问孔子说："什么骨头最大？"孔子说："大禹王召集各地的君长到会稽山，当时有个叫防风氏的君长很迟才到。禹就把他杀了陈尸在那儿，他的骨头一节就占满一车，这就是最大的了。"吴使问道："那神又是谁呢？"孔子说："名山大川的神灵，能够兴云致雨来利益天下，负责监守山川按时祭祀的就叫做神（诸侯君长），只守社稷的叫公侯，他们都归王的统治。"使者又问："防风氏是守什么的？"孔子说："汪罔氏的君长守封山、禺山一带，是姓厘。在虞、夏、商三代叫汪罔，到了周代叫长翟，现在就叫做大人。"使者问道："人的身长有多少？"孔子说："僬侥氏身长三尺，是最短的了；最长的不过三丈，这就是身高的极限了。"吴使听了之后说："真是了不起的圣人啊！"

季桓子的宠臣叫仲梁怀的，和阳虎有了仇怨。阳虎想把仲梁怀赶走，公山不狃阻止了他。这年秋天，仲梁怀更加地骄纵了，阳虎把他给抓了起来，季桓子很生气，阳虎就把桓子也囚禁了，等谈好条件才放他，阳虎从此更加没把季氏看在眼里。季氏也很越分，声势排场都超过鲁国公室；一个上卿的家臣（谓阳虎），就执掌了国家的政权，因此鲁国从大夫以下，都不守礼分，违背常道。所以孔子不愿出任鲁国的官职，退闲在家，专心研究整理诗、书、礼、乐这些典籍，学生越来越多，不论多远，都有人来向他求学。

掌大权时期（公元前 502—前 496 年）

鲁定公八年，公山不狃不满于季氏，就借着阳虎来作乱，打算废掉季孙、叔孙、孟孙（三家皆鲁桓公之后，故称三桓）三家的嫡生嗣子，另外拥立平日为阳虎所喜欢的庶子来继承，于是就把桓子抓了起来。桓子用计骗他。逃了出来。定公九年，阳虎计划失败，逃到齐国去。这个时候，孔子正好五十岁。

公山不狃以费邑作据点反叛季氏，派人来召孔子去帮忙。孔子心想自己依循正道而行已经很久了，内在的学养也很深厚，却无处可以表现，没有人能用自己，不禁说道："大抵文王、武王当年是以丰、镐那么小的地方建起王业的；现在费邑虽然是小了点，该也差不多吧！"想要应召前去，子路大不以为然，劝止孔子。孔子说："难道召我去是毫无作用吗？如果他真能用我，我将像文王、武王一样，在东方建立一个典礼完备的周啊！"然而最后也没有成行。后来鲁定公任命孔子做中都（在今山东汶上县）地方的宰官，才到职一年就很有绩效，四方的官吏都学着他做。孔子由中都宰升任司空，又由司空升任了大司寇。

定公十年的春天，鲁国和齐国和好。到了夏天，齐国的大夫黎鉏就对景公说："鲁国用了孔丘，照情形看，这是会危害齐国的。”于是派了使者去约鲁君来做和好的会盟。会盟的地点是在夹谷（今山东莱芜县）。鲁定公就装潢好车子，毫无武装便想前往。这时孔子正好是兼理典礼会盟的事务，就对定公说：“我听说有文事的必须要有武备，有武事的必须要有文备。从前凡是诸侯出了自己的国境，一定带全了必要的官员随行。请你也带左司马右司马一道去。”定公说：“好的。”就带了左右司马出发，和齐侯在夹谷地方相会。这个地方筑了土台，台上备好席位，上台的土阶有三级。两君就在台前行了相见礼，作揖让了一番才登上台。双方馈赠应酬的仪式行过之后，齐国管事的官员急忙前来请示道：“请开始演奏四方的舞乐。”景公说：“好。”于是旍旄羽袚矛戟剑拨都出了场，敲打吼叫地表演起来。孔子见了赶忙跑过来，一步一阶就往台上走，最后一阶没有跨上，便举袖一挥，说道：“我们两国君主，是为了和好而来会盟的，这种夷狄的野蛮舞乐，怎么可以用在这个场合呢！请命管事官员叫他们下去！”管事的叫他们退下，他们却不肯动。孔子就朝左边的晏子看看，又朝右方的景公看看，景公心里尴尬了一阵，就命令乐人下去。过了一会儿，齐国管事官员又跑来说道：“请演奏宫中的女乐。”景公应说：“好。”于是许多戏子矮人都前来表演了。孔子看了又急忙过来，一步一阶往台上走，最后一阶没有跨上就说道：“一个普通人敢胡闹来迷乱诸侯，论罪是应该正法的，请下令管事的执行吧！”于是管事官员依法处罚，那受罚的人就手脚分离了。

景公看了孔子态度这样严正，不由得敬畏动容，知道自己道理上不如他。回国之后心里很不安，就对众臣说："鲁国是用君子的道理来辅助他们的君主，而你们却仅把夷狄那套歪理告诉了我，害我开罪了鲁君，这该怎么办呢？"主事的官吏上前回话："君子有了过错，就用具体的事物来谢罪；普通人有了过错，就用虚礼大辞来谢罪。君上如果心里不安，就可用具体的事物去谢罪了。"于是齐侯就把以前从鲁国侵夺来的郓、汶阳和龟阴的田还给鲁国，来表示自己的歉疚。

鲁定公十三年的夏天，孔子对定公说："臣子的家中不可私藏兵器，大夫的封邑不能筑起三百丈的大城墙。"就派仲由去当季氏的家宰，打算拆毁季孙、叔孙、孟孙三家封邑的城墙。于是叔孙先把郈邑的城拆了。季孙也准备拆费邑的城，当时的邑宰公山不狃就和叔孙辄率领了费邑的丁众进袭鲁城，定公和季孙、叔孙、孟孙三人就躲进了季孙的住处，上了季孙武子的台（在鲁城东门内），费人围攻他们，却攻不下，但已有人逼到定公的台侧（"入及公侧"，俞樾谓入当作"矢"。则云箭矢已射至定公身旁矣）。孔子就派了申句须、乐颀下台来攻击他们，费人开始退走，国人乘胜追击，在姑蔑（今山东泗水县南）地方把他们彻底打败了。公山不狃、叔孙辄两人便逃到齐国，终于把费城拆毁了。接着准备拆成城，成邑的邑宰公敛处父对孟孙氏说："拆了成邑的城，齐人必将进逼到我们北边门户。况且成城是你们孟氏的保障，没有成城就等于没有孟氏了。我打算抗命不拆。”十二月，定公率兵包围成城，没攻下来。

鲁定公十四年，孔子五十六岁。这时他以大司寇的职位参与国家大事，脸上露出得意的神色。孔门弟子见了说：“听说君子祸事临头不慌张恐惧，好事到来也不喜形于色。”孔子说：“是有这个话。但是不也听说过‘乐其以贵下人’的话吗？”于是就把扰乱鲁国政事的大夫少正卯给杀了。孔子参与国政才三个月，贩羊卖猪的商人就不敢哄抬价钱，行人男女都分开走路，各守礼法，路上见了别人掉落的东西也不敢捡回去；四方旅客来到鲁国的，不必向官吏请求，都会给予亲切的照顾。

齐国听到了这种情形就担心起来，说道：“孔子主政下去，鲁国必会强大称霸；要是称霸了，我们的地方最靠近那里，必然会先来并吞我们了，何不先给他们一些土地呢？”黎鉏说：“还是先设法破坏他们的改革图强；如果破坏不成，再送给他们土地也不迟呀！”于是就挑选了国内漂亮的少女八十人，都穿上华丽的衣裳，教她们学会跳康乐舞，连同身上有花纹的马一百二十匹，一起送去给鲁君。先把女乐和马匹安置在鲁城南面的高门外边。季桓子知道了，曾经穿便装偷偷地去观赏了好几回，打算接受下来，就跟鲁君说好，两人装着要环游各处，实地里是整天都到那儿观赏，把政事荒废下来。子路看了情形就劝孔子说：“老师，我们可以离开了！”孔子说：“鲁国不久就要春祭天地，如果当局遵守礼法，能把典礼后的祭肉分送给大夫，就表示仍有可为，那么我们还可以暂时留下。”季桓子终于是接受了齐人送来的女子乐团，整日沉迷其间，一连三天都不过问政务；而且春祭天地的大典之后，又违背常礼，没给大夫们分送祭肉，于是孔子失望地离开了鲁国，当天就在屯（在鲁城南）的地方过夜。乐师己前来送行，说道：“先生就这样怪罪了？”孔子说：“我唱个歌告诉你好吗？”于是唱道：“听信妇人的话，可以失去亲信；过于接近妇女，可以使人败事亡身。既然如此就该离开，优游自在地安度岁月。”乐师己回去了，桓子问他说：“孔子说了些什么？”乐师己照实相告。桓子长叹一声，说：“孔夫子是为了那一群女乐的事怪罪我了！”

五年漂泊（公元前 496—前 492 年）

孔子来到了卫国，寄住在子路的大舅子颜浊邹家里。卫灵公问孔子：“你在鲁国的官俸是多少？”孔子回答说：“官俸是六万小斗粟子。”卫国也照样给了六万小斗粟子。过不多久，有人向卫灵公说了孔子的坏话，灵公就派公孙余假带了兵仗在孔子那儿走出走进，孔子担心会出事惹祸，待了十个月，就离开了卫国。

正打算到陈国去，经过匡（在今河北长桓县西南）城，弟子颜刻（刻亦作剋）替孔子赶车，用鞭子指着一处说：“从前我进这个城，就是由那个缺口进去的。”匡人听说当年和阳虎同行的颜刻出现，以为鲁国的阳虎又来了。因为阳虎曾经欺虐过匡人，匡人于是就留住孔子。孔子的模样像阳虎，所以被困在那里整整有五天。慌乱中颜渊失散了，稍后才来会合，孔子见了说：“我以为你乱中遇难了！”颜渊说：“老师您还健在，我怎敢轻易就死呢！”匡人围捕孔子围得越来越急，弟子们都很紧张，孔子就说：“文王虽已死了，文化道统并没有丧失，现在不都在我们身上吗？上天如果要绝灭这个文化道统的话，就不会让我们能够认知并负起传承的责任。天意既然是不绝灭这个文化道统，那匡人又能对我怎么样？”于是孔子派了一个随行弟子到卫宁武子那里做家臣（此句所言与《左传》《家语》不合，恐有误），然后才得脱险离开。

从匡出来就到了蒲（在匡城北十五里），过了一个多月，又回到卫国，寄住在蘧伯玉家。卫灵公的夫人名叫南子的，派了人去对孔子说：“各国的君子只要有意和我们国君攀交情的，必定会来见我们夫人；我们夫人愿意见你。”孔子托言推辞告罪一番，最后还是不得已去见了。会见时，夫人站在葛细布做的帷幕里面，孔子进了门，向北跪拜行礼，夫人在帷幕里面回拜答礼，身上的佩玉首饰触发清脆的响声。事后孔子说：“我一向是不想去见她，现在既然不得已见了，就得还她以礼。”子路还是不高兴，孔子就很严正地申明道：“我要不是因存着得君行道的一点希望才不得已去回见她的话，天一定厌弃我！天一定厌弃我！”过了个把月，卫灵公和夫人同坐了一辆车，宦官雍渠陪侍在右，出了宫门，要孔子坐第二部车子跟着，就大摇大摆地从市上走过。孔子感慨地说：“我还没见过爱慕德行像爱慕美色一般热切的人。”于是对这里的一切感到厌恶失望，就离开卫国往曹国去了。这一年，鲁定公死了。

孔子又离开曹国，来到宋国。一天和弟子们在大树下讲习礼仪。宋国的司马桓魋想要加害孔子，把大树给砍了，孔子只好离去。弟子催促说：“我们行动该快一点！”孔子说：“上天既然赋了道德使命给我，桓魋他又能把我怎样！”

孔子来到郑国，却和弟子彼此失散了；孔子一个人站在外城的东门口。郑国有人看见了就对子贡说：“东门那里站有一个人，他的额头像唐尧，脖子像皋陶，肩膀像子产，可是从腰以下比禹短了三寸；一副疲惫倒霉的样子，真像个失去主人家的狗。”子贡见面把这些话据实告诉孔子，孔子笑着说：“一个人的状貌如何，那是不重要的；倒是他说我像只失去主人家的狗，那可真是啊！那可真是啊！”

孔子来到了陈国，寄住在司城贞子家里。过了一年多，吴王夫差来打陈国，夺取了三个城邑才撤兵。赵侯鞅来打卫国的朝歌。楚国来围攻蔡国，蔡国就请求迁到吴国的土地上去，受他保护。吴国又在会稽地方把越王勾践打败了。

有一天，许多鹰隼落在陈国宫廷前死了，身上被楛木做的箭射穿着，箭头是石头做的，箭杆有一尺八寸长。陈愍公派了人来请教孔子，孔子说：“鹰隼飞来的地方是很远了，这箭是肃慎人的箭。从前武王灭亡了商纣，就和四方的蛮夷民族来往，开导他们。他恩威并施，要他们把各地的特产献给朝廷，叫他们不能忘记自己的职责义务。于是肃慎人献来楛木做的箭杆，石头做的箭头，长度是一尺八寸。先王为了表彰他的美德，就把肃慎人的箭分给长女太姬。后来太姬嫁了虞胡公，虞胡公又封来陈国。当初王室分美玉给同姓诸侯，用意是要展现亲谊，分远方贡物给异姓诸侯，是要他们不忘归服周王，所以分给陈国肃慎人的箭。”愍公听了叫人到旧府去查证一下，果然找到了这种箭。

孔子在陈住了三年，正好遇着晋、楚两国在争强斗胜，一再来打陈国，直到吴国攻打陈为止，陈国常常受到侵犯。孔子感叹说：“回去吧！回去吧！留在我们家乡的那批孩子们，志气都大，只是行事疏略些，他们都很有进取心，也没忘掉自己的初衷。”于是孔子就离开了陈国。

路过蒲邑，刚好遇上公叔氏占据了蒲而背叛卫国，蒲人就留住孔子。弟子中有个叫公良孺的，自己带了五辆车子跟随孔子周游各地。他这个人身材高大，才德好，又英勇；他对孔子说：“我以前跟着老师在匡的地方遇到危难，如今又在这里遇上危难，这是命吧！我和老师一再地遭难，宁愿跟他们拼死算了！”于是就跟蒲人猛烈地拼斗起来。蒲人害怕了，就对孔子说："如果能不去卫国，我就放你们走。"双方条件谈好，就放孔子一行从东门离去。孔子脱险后却一路前往卫国。子贡说："约定好的条件可以不遵守吗？"孔子说："在胁迫下订的条约，神明是不会认可的。"卫灵公听说孔子来了，很高兴，亲自出城来迎接。问道："蒲可以讨伐吗？"孔子答说："可以。"灵公说："我的大夫却认为不能去讨伐。因为现在的蒲是卫国防备晋、楚的前哨据点，我们自己发兵去打，如果蒲人干脆投靠敌方，或敌方趁机来袭，那后果不是很不好吗？"孔子说："蒲邑的百姓，男的都效忠卫国，有拼死的决心；妇女们也有保卫这块西河地方的愿望。所以我们所要讨伐的，只是领头叛乱的四五个人罢了。"灵公说："很好。"然而却不去伐蒲。

卫灵公年纪大了，政务废弛，也不用孔子。孔子感叹地说："如果有人用我来掌理国政，一年就可以有个样子，三年便有具体成效了。"孔子只好离开了。

佛肸做中牟（在今河南汤阴县西）邑宰。晋国的大夫赵简子要攻灭范氏、中行氏两家，中牟不服赵氏，就来攻伐中牟。佛肸就据有中牟公然反叛了，派人来召请孔子协助，孔子有意前往，子路说："我听老师说过：'一个本身做了坏事的人那里，君子是不会去的。'现在佛肸自己据了中牟反叛，您想前去，这又是为什么呢？"孔子说："我是说过这话的。但我不也说过真正坚实的东西吗？它是怎样磨都不会薄损的，不也说过真正精白的东西吗？它是怎么抹也不会污黑的。我难道是个中看不中吃的葫芦瓜（一云匏瓜为星名）吗？怎么能只供人挂着而不吃呢！”

一天孔子击着磬，有个担着草制盛土器经过门前的人听见了，说道：“真是有心啊，这个击磬的人，叮叮当当地直敲着。既然世上没有人赏识自己，那就算了吧！”

孔子向鲁国的乐官师襄子学弹琴，一连十天都没有进展。师襄子说：“可以进学一层了。”孔子说：“我已学会了乐曲的形式，但节奏内容还不了解。”过了一些时候，师襄子又说：“你已学得了曲子的节奏内容，可以进学一层了。”孔子说：“我还没领会乐曲的情感意蕴。”过了一些时候，师襄子又说：“你已领会了乐曲的情感意蕴，可以进学一层了。”孔子说：“乐曲中那个人我还体认不出呢！”再过一段时间，孔子一副安详虔敬有所深思的样子，随又欣喜陶然，像是视野情志正与高远的目标相遇似的。最后说道：“我体认出曲中的这个人啦！他的样子黑黑的，个子高高的，眼光是那样的明亮远大。像个统治四方诸侯的王者，这不是文王又有谁能够如此呢！”师襄子离开座位很恭敬地说：“我就说过这是文王的琴曲啊！”

孔子既然不被卫王所用，打算往西去见赵简子。到了黄河边，听到窦鸣犊、舜华两人被杀的消息，就对着河水感叹说：“河水是这样的壮美，这样的盛大啊！我不渡过这条河，也是命吧！”子贡听了趋前问道：“请问这话是什么意思？”孔子说：“窦鸣犊和舜华两人是晋国有才德的大夫。当赵简子还没有得志的时候，是倚仗这两人才能从政的；如今他得志了，却杀了他们来执掌政权。我听说过：一个地方的人，如果残忍到剖开动物的肚子来杀死其幼儿，麒麟是不来到郊外的，排干了池塘水来捉鱼，蛟龙就不肯调和阴阳来兴云致雨了；弄翻鸟儿的巢打破了卵，凤凰就不愿来飞翔。这是为什么呢？是君子忌讳自己的同类受到伤害啊！连飞鸟走兽对于不义的人事尚且知道避开，何况是我孔丘呢！”于是回到陬乡歇息，作了《陬操》这首琴曲来哀悼他们两人。随后又回到了卫，进住蘧伯玉的家。

有一天，卫灵公问起军队战阵的事。孔子说：“关于祭祀典礼的事，我倒听说过，至于军队战阵的事，却是不曾学过。”第二天，灵公正和孔子在谈话，见有雁群飞过，只顾抬头仰望，神色间并不注意孔子。于是孔子就离开卫，又去陈国。

同年的夏天，卫灵公死了，立了灵公的孙子辄继位，他就是卫出公。六月间，赵鞅（赵简子）派人把流亡在外的卫灵公太子蒯聩（出公辄之父）强送到卫国的戚邑。于是阳虎要太子去掉帽子露出发髻，另外八个人穿麻戴孝，装成是从卫来接太子回去奔丧的样子，哭着进了戚城，就住了下来。冬天里，蔡国从新蔡迁到州来（下蔡，时属吴地）。这一年正是鲁哀公三年，而孔子已六十岁了。齐国协助卫国围攻戚城，是因为卫太子蒯聩住在那儿。

夏天里，鲁桓公、厘公的庙失火烧了起来。这时孔子在陈国，听说鲁庙失火了，说道："火灾一定发生在桓公、厘公的庙吧！"后来消息证实，果然是如他所言。到了秋天，季桓子病重，乘着辇车望见鲁城，感叹地说："以前这个国家几乎是可以强盛起来的，只因为我得罪了孔子，没有好好用他，所以才没有兴盛啊！"随即对着他的嗣子康子说："我死了，你必然接掌鲁国的政权；掌政之后，一定得请孔子回来。"过了几天，桓子死了，康子继承了卿位。丧事办完之后，想召孔子。公之鱼却说："从前我们先君（桓子）用他没用到底，最后惹来别国的笑话，现在你再用他，如果又是半途而废，别国岂不又要笑话你。"季康子说："那要召谁才好呢？"公之鱼说："应该召冉求。"于是就派了专人来召冉求。冉求正要起程时，孔子说："鲁国当局来召冉求，不会小用他，该会重用他的。"就在这一天，孔子说："回去吧！回去吧！在我们家乡的那批孩子，志气都大，只是行事疏略些；他们的文采都很美，我真不知道要怎样来调教他们才好。"子贡知道了孔子想回乡，在送冉求时，据说就叮嘱他："就职了，设法要他们来请老师回去！"

厄于陈蔡（公元前 491—前 489 年）

冉求回去后，第二年，孔子从陈国迁到蔡国。蔡昭公要到吴国去，这是吴王召他去的。以前昭公欺骗他的臣子要把都邑迁到吴境的州来，现在即将应召前往，大夫们担心他又要搬迁，公孙翩就在路上把他射杀了。楚军来进犯蔡国。同年秋天，齐景公死了。

第二年，孔子从蔡国前往叶。叶公（楚大夫诸梁封邑在叶，僭称公）问孔子为政的道理，孔子说："为政的道理在使远方的人归附，近处的人服帖。"有一天，叶公向子路问起孔子的为人，子路没回答他。孔子知道了就对子路说："仲由！你怎么不回他说'他这个人嘛，学起道术来毫不倦怠，教起人来全不厌烦，用起功来连饭也会忘了吃，求道有得高兴起来，什么忧愁都可忘掉，甚至连衰老即将到来也不知道了'等等。"

离开了叶，在回蔡的路上，长沮、桀溺两人一起在田里耕作。孔子看出了他们是隐居的高士，就叫子路前去向他们打听渡口的方位。长沮说："那车上拉着缰绳的人是谁？"子路说："是孔丘。"长沮说："是鲁国的孔丘吗？"子路说："是的。"长沮说："那他该知道渡口在哪儿了。"桀溺遂又问子路说："你是谁？"子路说："我是仲由。"桀溺说："那你，是孔丘的门徒啰！"子路说："是的。"桀溺说："天下哪儿都是一样的动荡啊，但是又有谁能改变这种局势？况且你与其跟着那逃避暴君乱臣的人到处奔波，还不如跟着我们这种避开整个乱世的人来得安逸自在呢！"说着，就自顾自去下种覆土了。子路把经过情形报告了孔子，孔子怅然地说："人总该有责任的，怎可自顾隐居山林，终日与鸟兽生活在一起。天下如果清明太平的话，那我也用不着到处奔走要想改变这个局面了。"

有一天，子路一个人走着，遇上一位肩上挑着除草竹器的老人。子路请问道："你可看见了我的老师？"老人说："你们这些人，手脚都不劳动，五谷也分不清楚，谁是你老师我怎么会知道？"只管拄着杖去除草。事后子路把经过告诉了孔子，孔子说："那是一位隐士。"叫子路回去看看，老人却已走了。

孔子迁到蔡国的第三年，吴国进攻陈国。楚国前来救陈，军队驻扎在城父（楚邑，在今河南宝丰县东）。听说孔子住在陈、蔡两国的边境上，楚国就派了专人来聘请孔子。孔子正打算应聘前去见礼，陈、蔡两国的大夫就商议说："孔子是位有才德的贤者，凡他所讽刺讥评的，都切中诸侯的弊病所在。如今他长久留驻在我们陈、蔡两国之间，各位大夫的所作所为，都不合于仲尼的观点意思。现在的楚国是个强大的国家，却来礼聘孔子；楚国如果真用了孔子，那我们陈、蔡两国掌政的大夫就危险了。"于是双方都派了人一起把孔子围困在荒野上，动弹不得，粮食也断绝了。随行弟子饿病了，都打不起精神来。孔子却照样不停地讲他的学，朗诵他的书，弹他的琴，唱他的歌。子路满怀懊恼地来见孔子，说道："君子也会有这样困穷的时候吗？"孔子说："会有的，只不过君子遭到困穷时能够把持自己，小人遭到困穷的话，那就什么事都做得出来了。”子贡的神色也变了，孔子对他说：“赐啊，你以为我是多方去学习而把学来的牢记在心里的吗？”子贡说：“是的，难道不对吗？”孔子说：“不是的，我是把握住事物相通的基本道理，而加以统摄贯通的。”

孔子知道弟子心中有着懊恼不平，于是召子路前来问他说：“《诗》上说：‘不是犀牛也不是老虎，为什么偏偏巡行在旷野之中。’难道是我的道理有什么不对吗？我为什么会落到这个地步？”子路说：“想必是我们的仁德不够吧，所以人家不信任我们；想必是我们的智谋不足吧，所以人家不放我们通行。”孔子说：“有这个道理吗？仲由，假使有仁德的人便能使人信任，那伯夷、叔齐怎会饿死在首阳山呢？假使有智谋的人就能通行无阻，那王子比干怎会被纣王剖心呢？”子路退出，子贡进来相见。孔子说：“赐啊！《诗》上说：‘不是犀牛也不是老虎，为什么偏偏巡行在旷野之中。’难道是我的道理有什么不对吗？为什么我会落到这个地步？”子贡说：“老师的道理是大到极点了，所以天下人就不能容受老师。老师何不稍微降低迁就一些！”孔子说：“赐，好农夫虽然善于播种五谷，却不一定准有好收成；好工匠能有精巧的手艺，所作却不一定能尽合人意；君子能够修治他的道术，就像治丝结网一般，先建立最基本的大纲统绪，再依序疏理结扎，但不一定能容合于当世。现在你不去修治自己的道术，反而想降格来苟合求容，赐啊！你的志向就不远大了！”子贡出去了，颜回进来相见。孔子说："回啊！《诗》上说：'不是犀牛也不是老虎，为什么偏偏巡行在旷野之中。'难道是我的道理有什么不对吗？为什么我会落到这个地步呢？"颜回说："老师的道术大到极点了，所以天下人就不能够容受。然而，老师照着自己的道术推广开去，不被容受又有什么关系？人家不能容，正见得老师是一位不苟合取容的君子呢！一个人道术不修治，才是自己的耻辱；至于道术既已大大地修成而不被人所用，那是有国的君主和执政大臣的耻辱了。不被容受有什么关系？人家不能容，正见得自己是一位不苟合取容的君子呢！"孔子听了欣慰地笑了，说道："有这回事吗？颜家的子弟呀！假使你能有很多财富的话，我真愿意做家宰，替你经理财用呢！"于是差了子贡到楚国去，楚昭王便派兵前来迎护孔子，才免去了这场灾祸。

楚昭王想把有居民户籍七百里大的地方封给孔子。楚国的令尹子西（即公子申，昭王之兄）阻止说："大王使臣出使到诸侯各国的，有像子贡这样称职的吗？"昭王说："没有。"子西又问："大王左右辅佐大臣，有像颜回这样贤能的吗？"昭王说："没有。"子西又问："大王的将帅，有像子路这样英勇的吗？"昭王说："没有。"子西再问："大王各部主事的臣子，有像宰予这样干练的吗？"昭王也说："没有。"子西接着说："况且我们楚国的祖先在受周天子分封时，名位只是子爵，土地是跟男爵相等的方五十里。如今孔丘遵循三皇五帝的遗规，效法周公、召公的德业，大王如果用了他，那么楚国还能世世代代公然保有几千里的土地吗？想当初文王在丰邑，武王在镐京，以百里小国的君主，两代经营终而统一天下。现在孔丘如拥有那七百里土地，又有那么多贤能弟子辅佐，对楚国来说并不是好事。”昭王听了就打消封地给孔子的念头。这年秋天，楚昭王死在城父。

楚国装狂自隐的贤士接舆，唱着歌走过孔子的车前，他唱道：“凤呀！凤呀！你的品德身价怎么这样低落？过去的已经无法挽回补正了呀！可是将来的还可以来得及避免的。罢了！罢了！现在从政的人都是很危险的啊！”孔子下了车，想和他谈谈，他却快步走开了，没能跟他说上话。于是孔子从楚国回到了卫国。这一年，孔子六十三岁，也是鲁哀公六年。

再度漂泊（公元前 488—前 484 年）

第二年，吴国和鲁国在缯（今山东峄县境）的地方会盟，吴王要求鲁国提供百牢（牛羊猪三牲俱备曰一牢）的礼献。吴太宰嚭召见季康子，康子就请子贡前去应对，经子贡据理力争才得免了。

孔子说：“鲁、卫两国的政事，真是兄弟一般的情况。”这个时候，卫君出公辄的父亲蒯聩不能继位，流亡在外，这件事诸侯屡次加以指责。而孔子的弟子很多都在卫国做官，卫君辄也想要孔子来佐理政事。子路就问孔子说：“卫君想要老师去帮他掌理政事。老师打算先做什么？”孔子说：“那我必定要先端正名分吧！”子路说：“有这回事吗？老师太迂阔不切实际了！有什么好正的？”孔子说：“你真是鲁莽啊，仲由！要知道名分不正，说出来的话就不顺当；说话不顺当，政事就没法成功；政事不成功，礼乐教化就不能推行；教化不能推行，刑法就无法适中；刑罚不适中，那老百姓就不知道该怎么做才好。所以君子定下的名分，一定是可以顺当说出口；说出了的话，一定可以行得通。君子对他说出来的话，要做到没有一点的苟且随便才行。”

又过一年，冉有为季氏率领军队，和齐国在郎亭（在今山东鱼台县东北）地方作战，把齐兵打败了。季康子对冉求说：“你对于军事作战的事是学来的呢，还是天生就懂的呢？”冉有说：“是向孔子学的。”季康子说：“孔子究竟是怎么样的一个人呢？”冉有回答说：“想用他，要有光明正大的名分；即使向百姓公开宣布或明告于鬼神，都是没有遗憾的。如果是像我目前所处的这种情况，就是把千社（《索隐》：二十五家为社）这么大的地方给他，我们的老师也不会接受的。”季康子说：“我想召请他回来，可以吗？”冉有回答说：“如果真想召请他回来，就要信任他，不可让小人阻碍他，那是可以的。”这时卫大夫孔文子想攻打卫文公的后人太叔，向孔子问计。孔子推说不知道，随即招呼备车就离开了，说道：“鸟是选择树林来栖息，树林哪能选择挽留它。”正好季康子赶走了公华、公宾、公林这几个人，备妥了周到的礼节来迎接孔子，孔子就回到了鲁国。

孔子离开鲁国后，一共经过了十四年的时间才又回到鲁国。

孔子之治学与生活习惯（公元前 484—前 481 年）

鲁哀公问孔子为政的道理，孔子回答说："为政最重要的是选任好的臣子。"季康子也问孔子为政的道理，孔子说："举用正直的人来矫治邪曲的人，这样就能使邪曲的人也变为正直的了。"（《论语 · 颜渊》篇作孔子答樊迟问知之语）季康子忧虑国内的盗贼多，孔子告诉他说："如果你自己能够不贪欲，就是给予奖赏，人们也是不去偷窃的。"然而鲁国终究是不能用孔子，而孔子也不求出来做官。

在孔子的时代，周朝王室已经衰微，而礼乐的制度教化也废弛了，诗书典籍零散残缺。于是孔子探循三代以来的礼制遗规，厘定书传的篇次，上起唐尧、虞舜之间，下到秦穆公止，依照事类秩序加以编排。他说："夏代的礼制，我还能讲述个大概来，只是夏的后代杞国已经不足取证了；殷代的礼制，我还能讲述个大概来，也只可惜殷的后代宋国已经不足取证了。要是杞、宋两国保有足够的文献的话，那我就能拿来印证了。"孔子考察了殷、夏以来礼制增损的情形后，说道："以后就是经过百代，那变革的情形也是可以推知的。因承袭不移的是礼的精神本体，增损改变的是礼的文采仪节。周礼是参照了夏、殷两代而制订的，它的内容文采是那么的盛美！我是遵行周礼的。”所以《书传》《礼记》是出于孔子的。

孔子对鲁国的大乐官说：“音乐演奏的过程是可以知道的。刚开始的时候，要八音五声齐全配合，接着乐音慢慢放开之后，要清浊高下和谐一致，又要宫商分明节奏清爽，更要首尾贯串声气不断，这样直到整首乐曲的演奏完成。”又说：“我从卫国回到鲁国之后，才把诗乐订正了，使雅诗、颂诗都能配入到原来应有的乐部。”

古代留传下来的《诗》原有三千多篇，孔子把重选的去掉，选取可以用来配合礼义教化的部分。所取诗篇，最早的是追述殷始祖契、周始祖后稷的诗，其次是歌颂殷、周两代盛世的诗，再次是讽刺周幽王、周厉王政治缺失的诗，而一切都要以男女夫妇的家庭伦常为起点，所以说：《关雎》这一乐章是《国风》的第一篇；《鹿鸣》是《小雅》的第一篇；《文王》是《大雅》的第一篇；《清庙》是《颂诗》的第一篇。三百零五篇诗，孔子都把它入乐歌唱，以求合乎古代《韶乐》（虞舜乐）、《武乐》（武王乐）以及朝廷雅乐、庙堂颂乐的声情精神。先王礼乐教化的遗规，到此才稍复旧观而有可称述。王道完备了，六艺也齐全了。

孔子晚年喜欢《易》学，他阐述了（序，一云即《易·序卦》）《彖辞》《系辞》《象辞》《说卦》《文言》等。他读《易》很勤，以至把编书简的皮绳都弄断了三次。还说过："再让我多活几年，这样的话，我对《易》学的研究就可以文辞义理兼备充实了。"

孔子用《诗》《书》《礼》《乐》做教材来教人，就学的门生大约有三千人，而精通六艺的有七十二人。像颜浊邹一般受到孔子教诲却没有正式入籍的学生，为数也不少。

孔子教导学生有四个项目：《诗》《书》《礼》《乐》等籍典文献，生活上的身体力行，为人处世的忠诚尽心，待人接物的信实不欺。孔子戒绝了常人的四种毛病，不揣测、不武断、不固执、不自以为是。所特别谨慎的事是祭祀前的斋戒、战争、疾病。很少轻易谈及的是利、命和仁（此句异说不止一种，今从何氏《集解》暂译）。孔子教人，如果不是心求通而未通的，不去启发他；举述给他道理，却不能触类旁通的，就不再对他反复费词了。

孔子在自己的乡里，容貌恭敬温厚，好似不大会讲话的样子。他在宗庙祭祀和朝廷议政时却言辞明晰通达，只不过态度还是恭谨小心罢了。在朝中与上大夫交谈，态度中正自然，与下大夫交谈就显得和乐轻松了。

孔子进国君的宫门时，低头弯腰以示恭敬；然后急行而前，态度恭谨有礼。国君命他接待贵客，容色庄重认真。国君有命召见，不等车驾备好就尽快出发前往。鱼不新鲜，肉已发味，或切割不合规矩的都不吃。不适当的位子，不就座。在有丧事的人旁边吃饭，从没有吃饱过的。在这一天里哭过，就不唱歌。见到穿麻戴孝的人、目盲的人，即使是小孩子也必然改变面容表示同情。

孔子说："只要是有心向学，即使在同行三个人之中，必有可做我老师的。"又说："德行的不修明，学业的不讲求，听到正当的道理不能随之力行，对于不好的行为不能马上革除，这些都是我忧虑的。"孔子听人唱歌，要是唱得好，就请人再唱，然后自己跟着唱起来。

孔子不谈论关于怪异、暴力、悖乱以及鬼神的一些事情。

子贡说："老师所传授《诗》《书》《礼》《乐》等方面的文辞知识，我们还得以知道；至于老师有关性命天道的深微见解我们就不得知道了。"颜渊赞叹地说："老师的道术，我越仰慕它久了，越觉得崇高无比！越是钻研探究，越觉得它坚实深厚！看着它是在前面，忽然间却又在后面了。老师有条理有步骤地善于诱导人：用典籍文章来丰富我的知识，用礼仪道德来规范我的言行，使我想停止学习都不可能。即使是用尽了我所有的才力，而老师的道术却依然高高地立在我的面前。虽然尽想追随上去，但是却无从追得上！"达巷党（五百家为党）的人说："孔子真是伟大啊！他博学道艺，却不专一名家。"孔子听了这话说道："我要专于什么呢？专于驾车，还是专于射箭？我看是专于驾车吧！"琴牢说："老师说过'我没能为世所用，所以才学会了这许多艺能’。”

鲁哀公十四年的春天里，在大野（今山东巨野县北）地方狩猎。叔孙氏的车夫商猎获了一只少见的野兽，他们认为是不吉利的事，孔子看了说：“这是一只麒麟。”于是他们就把它运了回去。孔子说：“黄河上再不见神龙负图出现，洛水中也不见背上有文字的灵龟浮出。圣王不再，我想行道救世，怕是没有希望了吧！”颜渊死了，孔子伤痛地说：“是老天要亡我了吧！”等他见了在曲阜西边猎获的麒麟，说道：“我行道的希望是完了！”孔子很感慨地说：“没有人能了解我了！”子贡说：“怎么没有人能了解老师呢？”孔子说：“我不抱怨天，也不怪罪人；只顾从切近的人事上学起，再日求精进而上达天理，能知道我的，只有上天了吧！”

孔子说：“不使自己的志气受到屈降，不使自己的身体受到玷辱，只有伯夷、叔齐两人了吧！”评论柳下惠、少连：“志气降屈了，身子也玷辱了。”评论虞仲、夷逸：“隐居在野，不言世务，行事合乎清高纯洁，自废免祸也权衡得宜。”又说：“我就跟他们的做法不一样。我不偏执一端，一切依情理行事，所以没有绝对的可以，也没有绝对的不可以。”

孔子说：“不成，不成！君子最遗憾的就是死后没有留下好声名。我的救世理想已经无法达成了，我要用什么来贡献社会留名后世呢？”于是根据鲁国的史记作了《春秋》一书：上起鲁隐公元年，下至鲁哀公十四年，前后一共包括了十二位国君。以鲁国为记述的中心，尊封周王为正统，参酌了殷朝的旧制，推而上承三代的法统。文辞精简而旨意深广。所以吴、楚君自称为王的，《春秋》就依据当初周王册封时的等级，降称他们为“子”爵；晋文公召集的践土会盟（事在鲁僖公二十八年），实际上是周襄王应召前去与会的，《春秋》以为这事不合法统而避开它，改写成：“周天子巡狩到了河阳。”推展这类的事例原则，作为衡断当时人行事违背礼法与否的标准。这种贬抑责备的大义，后代如有英明的君王加以倡导推广，使《春秋》的义法得以通行天下，那窃位盗名为非作歹的人，就会有所警惕惧怕了。

孔子过去任官审案时，文辞上如有需要与人共同商量斟酌的，他是不肯擅作决断的。到他写《春秋》时就不同了，认为该记录的就振笔直录，该删削的就断然删削，就连子夏这些长于文学的弟子，一句话都参酌不上。弟子们接受了《春秋》之后，孔子说：“后世的人知道我是在行圣王之道的，只有靠这部《春秋》；而怪罪我以布衣借褒贬来行王者赏罚的，也是因为这部《春秋》了。”

孔子逝世（公元前479年）及其后人

第二年，子路死在卫国（蒯聩夺位之乱）。孔子病了，子贡前来谒见，孔子正拄着手杖在门口慢步排遣，一见就说："赐啊！你怎么来得这么迟呢？"孔子随即叹了一声，口里哼道："泰山就这样崩坏吗？梁柱就这样摧折吗？哲人就这样凋谢吗？"哼完不禁淌了眼泪。稍后对子贡说："天下失去常道已经很久了，世人都不能遵循我的平治理想。夏人死了停棺在东阶，周人是在西阶，殷人则在两柱之间。昨天夜里我梦见自己坐定在两柱之间，我原本就是殷人啊！"过了七天就死了。

孔子享年七十三岁，死在鲁哀公十六年（公元前 479 年）四月的己丑日。鲁哀公对他悼念说："老天爷不仁慈，不肯留下这一位老人，使他抛开了我，害我孤零零地在位，我是既忧思又伤痛。唉，真伤心啊！尼父，我不再自拘礼法了！"事后子贡批评道："鲁公难道要不能终老于鲁国吗？老师的话说：'礼法丧失了就会昏乱，名分丧失了就有过愆。一个人丧失志气便是昏乱，失去所宜就是过愆。'人活着时不能用他，死了才来悼念他，这是不合礼的。诸侯自称'余一人'，是不合名分的。"

孔子死后葬在鲁城北面的泗水边上。弟子们都在心里为老师服丧三年，三年的心丧服完，大家在道别离去时都相对而哭，每人还是很哀痛，有的就又留下来。子贡甚至在墓旁搭了房子住下，守墓一共守了六年才离开。弟子以及鲁国的其他人，相率到墓旁定居的有一百多家，因而管那个地方叫"孔里"。鲁国世代相传每年都定时到孔子墓前祭拜，而儒者们讲习礼仪，乡学结业考校的饮酒礼，以及鲁君祭祀时的比射仪式，也都在孔子墓场（一云冢字当作家）举行。孔子的墓地有一顷大。孔子故居的堂屋以及弟子所住的房室，后来就地改成庙，收藏了孔子生前的衣服、冠帽、琴、车子、书籍，直到汉朝，两百多年来都没有废弃。高皇帝刘邦路过鲁地，用了太牢（牛羊猪三牲俱备）之礼祭拜孔子。诸侯卿相一到任，常是先到庙里祭拜之后才正式就职视事。

孔子生了鲤，字叫伯鱼。伯鱼享年五十岁，比孔子早死。

伯鱼生了伋，字子思，享年六十二岁。曾经受困于宋国。子思作了《中庸》。

子思生了白，字叫子上，享年四十七岁。子上生了求，字叫子家，享年四十五岁。子家生了箕，字叫子京，享年四十六岁。子京生了穿，字叫子高，享年五十一岁。子高生了子慎（子慎名或作斌，或作顺，或作彻，或作谦，疑莫能定，故史缺而不书），享年五十七岁，曾经做过魏国的相。

子慎生了鲋，鲋享年五十七岁。做了陈王涉（即陈胜，秦末与吴广首义抗秦）的博士，死在陈这个地方。

鲋的弟弟子襄（梁玉绳云名腾），享年五十七岁。做过汉孝惠皇帝的博士，后来改任长沙王太傅（长沙太守，钱大昕云：惠帝时，长沙为王国，不得有太守，《汉书》云太傅是也）。身高九尺六寸。

子襄生了忠，享年五十七岁。忠生了武，武生了延年和安国。安国做了孝武皇帝博士，又做到临淮郡太守，早年死了。安国生了卬，卬生了驩。

太史公说：《诗》上有言道："像高山一般令人瞻仰，像大道一般让人遵循。"虽然我达不到这个境地，但心中总是向往着他。我读了孔子的遗书，想见得到他为人的伟大。到鲁去的时候，参观了仲尼的庙堂，以及他遗留下来的车、服、礼器，那些读书的学生，都还按时到孔子的旧家来演习礼仪。我一时由衷敬仰，徘徊留恋地不肯离去。自古以来，天下的君王贤人也算很多了，活着时都很荣耀，到他一死就什么也没有了。孔子仅是一个平民，他的道统家世至今传了十几代，学者们都崇仰他。从天子王侯以下，凡是中国研讨六经道艺的人，都将孔夫子的话尊奉为最高的衡断标准，他真可说是一位圣明到极点的人了！

附：《史记 · 孔子世家》原文

孔子生鲁昌平乡陬邑。其先宋人也，曰孔防叔。防叔生伯夏，伯夏生叔梁纥。纥与颜氏女野合而生孔子；祷于尼丘，得孔子。鲁襄公二十二年而孔子生。生而首上圩顶，故因名曰丘云。字仲尼，姓孔氏。

丘生而叔梁纥死，葬于防山。防山在鲁东。由是孔子疑其父墓处，母讳之也。孔子为儿嬉戏，常陈俎豆，设礼容。孔子母死，乃殡五父之衢，盖其慎也。郰人挽父之母诲孔子父墓，然后往合葬于防焉。

孔子要绖。季氏飨士，孔子与往。阳虎绌曰："季氏飨士，非敢飨子也。"孔子由是退。

孔子年十七，鲁大夫孟厘子病且死，诫其嗣懿子曰："孔丘，圣人之后，灭于宋。其祖弗父何始有宋而嗣让厉公。及正考父佐戴、武、宣公，三命兹益恭，故鼎铭云：'一命而偻，再命而伛，三命而俯，循墙而走，亦莫敢余侮。饘于是，粥于是，以糊余口。'其恭如是。吾闻圣人之后，虽不当世，必有达者。考今孔丘年少好礼，其达者欤？吾即没，若必师之。"及厘子卒，懿子与鲁人南宫敬叔往学礼焉。是岁，季武子卒，平子代立。

孔子贫且贱。及长，尝为季氏史，料量平；尝为司职吏，而畜蕃息。由是为司空。已而去鲁，斥乎齐，逐乎宋、卫，困于陈蔡之间，于是反鲁。孔子长九尺有六寸，人皆谓之"长人"而异之。鲁复善待，由是反鲁。

鲁南宫敬叔言鲁君曰："请与孔子适周。"鲁君与之一乘车、两马、一竖子俱，适周问礼。盖见老子云。辞去，而老子送之曰："吾闻富贵者送人以财，仁人者送人以言。吾不能富贵，窃仁人之号，送子以言，曰：'聪明深察而近于死者，好议人者也。博辩广大危其身者，发人之恶者也。为人子者毋以有己，为人臣者毋以有己。'”

孔子自周反于鲁，弟子稍益进焉。是时也，晋平公淫，六卿擅权，东伐诸侯；楚灵王兵强，陵轹中国；齐大而近于鲁。鲁小弱，附于楚则晋怒，附于晋则楚来伐；不备于齐，齐师侵鲁。

鲁昭公之二十年，而孔子盖年三十矣。齐景公与晏婴来适鲁，景公问孔子曰："昔秦穆公国小处辟，其霸何也？”对曰："秦，国虽小，其志大；处虽辟，行中正。身举五羖，爵之大夫，起累绁之中，与语三日，授之以政。以此取之，虽王可也，其霸小矣。”景公说。

孔子年三十五，而季平子与郈昭伯以斗鸡故，得罪鲁昭公。昭公率师击平子，平子与孟氏、叔孙氏三家共攻昭公，昭公师败，奔于齐。齐处昭公乾侯，其后顷之，鲁乱。孔子适齐，为高昭子家臣，欲以通乎景公。与齐太师语乐。闻韶音，学之，三月不知肉味。齐人称之。

景公问政孔子，孔子曰："君君，臣臣，父父，子子。”景公曰："善哉！信如君不君，臣不臣，父不父，子不子，虽有粟，吾岂得而食诸！”他日，又复问政于孔子，孔子曰："政在节财。”景公说，将欲以尼溪田封孔子。晏婴进曰："夫儒者滑稽而不可轨法；倨傲自顺，不可以为下；崇丧遂哀，破产厚葬，不可以为俗；游说乞贷，不可以为国。自大贤之息，周室既衰，礼乐缺有间。今孔子盛容饰，繁登降之礼、趋详之节，累世不能殚其学，当年不能究其礼。君欲用之以移齐俗，非所以先细民也。”后景公敬见孔子，不问其礼。异日，景公止孔子曰：“奉子以季氏，吾不能。”以季、孟之间待之。齐大夫欲害孔子，孔子闻之。景公曰：“吾老矣，弗能用也。”孔子遂行，反乎鲁。

孔子年四十二，鲁昭公卒于乾侯，定公立。定公立五年，夏，季平子卒，桓子嗣立。季桓子穿井得土缶，中若羊，问仲尼云“得狗”。仲尼曰：“以丘所闻，羊也。丘闻之，木石之怪夔、罔阆，水之怪龙、罔象，土之怪坟羊。”

吴伐越，堕会稽，得骨节专车。吴使使问仲尼：“骨何者最大？”仲尼曰：“禹致群神于会稽山，防风氏后至。禹杀而戮之，其节专车，此为大矣。”吴客曰：“谁为神？”仲尼曰：“山川之神，足以纲纪天下，其守为神。社稷为公侯，皆属于王者。”客曰：“防风何守？”仲尼曰：“汪罔氏之君守封、禺之山，为厘姓。在虞、夏、商为汪罔，于周为长翟，今谓之大人。”客曰：“人长几何？”仲尼曰：“僬侥氏三尺，短之至也。长者不过十之，数之极也。”于是吴客曰：“善哉圣人！”

桓子嬖臣曰仲梁怀，与阳虎有隙。阳虎欲逐怀，公山不狃止之。其秋，怀益骄，阳虎执怀。桓子怒，阳虎因囚桓子，与盟而醳之。阳虎由此益轻季氏，季氏亦僭于公室，陪臣执国政，是以鲁自大夫以下皆僭离于正道。故孔子不仕，退而修诗书礼乐，弟子弥众，至自远方，莫不受业焉。

定公八年，公山不狃不得意于季氏，因阳虎为乱，欲废三桓之适，更立其庶孽阳虎素所善者，遂执季桓子。桓子诈之，得脱。定公九年，阳虎不胜，奔于齐。是时孔子年五十。

公山不狃以费畔季氏，使人召孔子。孔子循道弥久，温温无所试，莫能己用，曰："盖周文武起丰镐而王，今费虽小，傥庶几乎！"欲往。子路不说，止孔子。孔子曰："夫召我者岂徒哉？如用我，其为东周乎！"然亦卒不行。

其后定公以孔子为中都宰，一年，四方皆则之。由中都宰为司空，由司空为大司寇。

定公十年春，及齐平。夏，齐大夫黎鉏言于景公曰："鲁用孔丘，其势危齐。"乃使使告鲁为好会，会于夹谷。鲁定公且以乘车好往。孔子摄相事，曰："臣闻有文事者必有武备，有武事者必有文备。古者诸侯出疆，必具官以从。请具左右司马。"定公曰："诺。"具左右司马。会齐侯夹谷，为坛位，土阶三等，以会遇之礼相见，揖让而登。献酬之礼毕，齐有司趋而进曰："请奏四方之乐。"景公曰："诺。"于是旍旄羽祓矛戟剑拨鼓噪而至。孔子趋而进，历阶而登，不尽一等，举袂而言曰："吾两君为好会，夷狄之乐何为于此！请命有司！"有司却之，不去，则左右视晏子与景公。景公心怍，麾而去之。有顷，齐有司趋而进曰："请奏宫中之乐。"景公曰："诺。"优倡侏儒为戏而前。孔子趋而进，历阶而登，不尽一等，曰："匹夫而营惑诸侯者罪当诛！请命有司！"有司加法焉，手足异处。景公惧而动，知义不若，归而大恐，告其群臣曰："鲁以君子之道辅其君，而子独以夷狄之道教寡人，使得罪于鲁君，为之奈何？"有司进对曰："君子有过则谢以质，小人有过则谢以文。君若悼之，则谢以实。"于是齐侯乃归所侵鲁之郓、汶阳、龟阴之田，以谢过。

定公十三年夏，孔子言于定公曰："臣无藏甲，大夫无百雉之城。"使仲由为季氏宰，将堕三都。于是叔孙氏先堕郈。季氏将堕费，公山不狃、叔孙辄率费人袭鲁。公与三子入于季氏之宫，登武子之台。费人攻之，弗克，入及公侧。孔子命申句须，乐颀下伐之，费人北。国人追之，败诸姑蔑。二子奔齐，遂堕费。将堕成，公敛处父谓孟孙曰："堕成，齐人必至于北门。且成，孟氏之保鄣，无成，是无孟氏也。我将弗堕。"十二月，公围成，弗克。

定公十四年，孔子年五十六，由大司寇行摄相事，有喜色。门人曰："闻君子祸至不惧，福至不喜。"孔子曰："有是言也。不曰‘乐其以贵下人’乎？”于是诛鲁大夫乱政者少正卯。与闻国政三月，粥羔豚者弗饰贾；男女行者别于涂；涂不拾遗；四方之客至乎邑者不求有司，皆予之以归。

齐人闻而惧，曰：“孔子为政必霸，霸则吾地近焉，我之为先并矣。盍致地焉？”黎鉏曰：“请先尝沮之；沮之而不可则致地，庸迟乎！”于是选齐国中女子好者八十人，皆衣文衣而舞《康乐》，文马三十驷，遗鲁君。陈女乐文马于鲁城南高门外。季桓子微服往观再三，将受，乃语鲁君为周道游，往观终日，怠于政事。子路曰：“夫子可以行矣。”孔子曰：“鲁今且郊，如致膰乎大夫，则吾犹可以止。”桓子卒受齐女乐，三日不听政；郊，又不致膰俎于大夫。孔子遂行，宿乎屯。而师己送，曰：“夫子则非罪。”孔子曰：“吾歌可夫？”歌曰：“彼妇之口，可以出走，彼妇之谒，可以死败。盖优哉游哉，维以卒岁！”师己反，桓子曰：“孔子亦何言？”师己以实告。桓子喟然叹曰：“夫子罪我，以群婢故也夫！”

孔子遂适卫，主于子路妻兄颜浊邹家。卫灵公问孔子：“居鲁得禄几何？”对曰：“奉粟六万。”卫人亦致粟六万。居顷之，或谮孔子于卫灵公。灵公使公孙余假一出一入。孔子恐获罪焉，居十月，去卫。

将适陈，过匡。颜刻为仆，以其策指之曰：“昔吾入此，由彼缺也。”匡人闻之，以为鲁之阳虎。阳虎尝暴匡人，匡人于是遂止孔子。孔子状类阳虎，拘焉五日，颜渊后，子曰：“吾以汝为死矣。”颜渊曰：“子在，回何敢死！”匡人拘孔子益急，弟子惧。孔子曰：“文王既没，文不在兹乎？天之将丧斯文也，后死者不得与于斯文也。天之未丧斯文也，匡人其如予何！”孔子使从者为宁武子臣于卫，然后得去。

去即过蒲。月余，反乎卫，主蘧伯玉家。灵公夫人有南子者，使人谓孔子曰：“四方之君子不辱欲与寡君为兄弟者，必见寡小君。寡小君愿见。”孔子辞谢，不得已而见之。夫人在絺帷中。孔子入门，北面稽首。夫人自帷中再拜，环佩玉声璆然。孔子曰：“吾乡为弗见，见之礼答焉。”子路不说，孔子矢之曰：“予所不者，天厌之！天厌之！”居卫月余。灵公与夫人同车，宦者雍渠参乘。出，使孔子为次乘，招摇市过之。孔子曰：“吾未见好德如好色者也。”于是丑之，去卫，过曹。是岁，鲁定公卒。

孔子去曹适宋，与弟子习礼大树下。宋司马桓魋欲杀孔子，拔其树。孔子去。弟子曰：“可以速矣。”孔子曰：“天生德于予，桓魋其如予何！”

孔子适郑，与弟子相失，孔子独立郭东门。郑人或谓子贡曰：“东门有人，其颡似尧，其项类皋陶，其肩类子产，然自要以下不及禹三寸，累累若丧家之狗。”子贡以实告孔子。孔子欣然笑曰："形状，末也。而谓似丧家之狗，然哉！然哉！"

孔子遂至陈，主于司城贞子家。岁余，吴王夫差伐陈，取三邑而去。赵鞅伐朝歌。楚围蔡，蔡迁于吴。吴败越王勾践会稽。

有隼集于陈廷而死，楛矢贯之，石砮，矢长尺有咫。陈愍公使使问仲尼。仲尼曰："隼来远矣，此肃慎之矢也。昔武王克商，通道九夷百蛮，使各以其方贿来贡，使无忘职业。于是肃慎贡楛矢石砮，长尺有咫。先生欲昭其令德，以肃慎矢分大姬，配虞胡公而封诸陈。分同姓以珍玉，展亲；分异姓以远方职，使无忘服。故分陈以肃慎矢。"试求之故府，果得之。

孔子居陈三岁，会晋楚争强，更伐陈；及吴侵陈，陈常被寇。孔子曰："归与归与！吾党之小子狂简进取，不忘其初。"于是孔子去陈。

过蒲，会公叔氏以蒲畔，蒲人止孔子。弟子有公良孺者，以私车五乘从孔子。其为人长贤有勇力，谓曰："吾昔从夫子遇难于匡，今又遇难于此，命也已。吾与夫子再罹难，宁斗而死。"斗甚疾。蒲人惧，谓孔子曰："苟毋适卫，吾出子。"与之盟，出孔子东门。孔子遂适卫。子贡曰："盟可负耶？"孔子曰："要盟也，神不听。"

卫灵公闻孔子来，喜，郊迎。问曰："蒲可伐乎？"对曰：

“可。”灵公曰：“吾大夫以为不可。今蒲，卫之所以待晋楚也，以卫伐之，无乃不可乎？”孔子曰：“其男子有死之志，妇人有保西河之志。吾所伐者不过四五人。”灵公曰：“善。”然不伐蒲。

灵公老，怠于政，不用孔子。孔子喟然叹曰：“苟有用我者，期月而已，三年有成。”孔子行。

佛肸为中牟宰。赵简子攻范、中行，伐中牟。佛肸畔，使人召孔子，孔子欲往。子路曰：“由闻诸夫子，‘其身亲为不善者，君子不入也’。今佛肸亲以中牟畔，子欲往，如之何？”孔子曰：“有是言也。不曰坚乎，磨而不磷；不曰白乎，涅而不淄。我岂匏瓜也哉，焉能系而不食？”

孔子击磬。有荷蒉而过门者，曰：“有心哉，击磬乎！硁硁乎，莫己知也夫而已矣！”

孔子学鼓琴师襄子，十日不进。师襄子曰：“可以益矣。”孔子曰：“丘已习其曲矣，未得其数也。”有间，曰：“已习其数，可以益矣。”孔子曰：“丘未得其志也。”有间，曰：“已习其志，可以益矣。”孔子曰：“丘未得其为人也。”有间，有所穆然深思焉，有所怡然高望而远志焉。曰：“丘得其为人，黯然而黑，几然而长，眼如望羊，如王四国，非文王其谁能为此也！”师襄子辟席再拜，曰：“师盖云《文王操》也。”

孔子既不得用于卫，将西见赵简子。至于河而闻窦鸣犊、舜华之死也，临河而叹曰："美哉水，洋洋乎！丘之不济此，命也夫！"子贡趋而进曰："敢问何谓也？"孔子曰："窦鸣犊、舜华，晋国之贤大夫也。赵简子未得志之时，须此两人而后从政；及其已得志，杀之乃从政。丘闻之也，刳胎杀夭则麒麟不至郊，竭泽涸渔则蛟龙不合阴阳，覆巢毁卵则凤凰不翔。何则？君子讳伤其类也。夫鸟兽之于不义也尚知辟之，而况乎丘哉！"乃还息乎陬乡，作为《陬操》以哀之。而反乎卫，入主蘧伯玉家。

他日，灵公问兵陈。孔子曰："俎豆之事则尝闻之，军旅之事未之学也。"明日，与孔子语，见蜚雁，仰视之，色不在孔子。孔子遂行，复如陈。

夏，卫灵公卒，立孙辄，是为卫出公。六月，赵鞅内太子蒯聩于戚。阳虎使太子絻，八人衰绖，伪自卫迎者，哭而入，遂居焉。冬，蔡迁于州来。是岁鲁哀公三年，而孔子年六十矣。齐助卫围戚，以卫太子蒯聩在故也。

夏，鲁桓厘庙燔，南宫敬叔救火。孔子在陈，闻之，曰："灾必于桓厘庙乎？"已而果然。

秋，季桓子病，辇而见鲁城，喟然叹曰："昔此国几兴矣，以吾获罪于孔子，故不兴也。"顾谓其嗣康子曰："我即死，若必相鲁；相鲁，必召仲尼。"后数日，桓子卒，康子代立。已葬，欲召仲尼。公之鱼曰："昔吾先君用之不终，终为诸侯笑。今又用之，不能终，是再为诸侯笑。”康子曰：“则谁召而可？”曰：“必召冉求。”于是使使召冉求。冉求将行，孔子曰：“鲁人召求，非小用之，将大用之也。”是日，孔子曰：“归乎归乎！吾党之小子狂简，斐然成章，吾不知所以裁之。”子赣知孔子思归，送冉求，因诫曰“即用，以孔子为招”云。

冉求既去，明年，孔子自陈迁于蔡。蔡昭公将如吴，吴召之也。前昭公欺其臣迁州来，后将往，大夫惧复迁，公孙翩射杀昭公。楚侵蔡。秋，齐景公卒。

明年，孔子自蔡如叶。叶公问政，孔子曰：“政在来远附迩。”他日，叶公问孔子于子路，子路不对。孔子闻之，曰：“由，尔何不对曰‘其为人也，学道不倦，诲人不厌，发愤忘食，乐以忘忧，不知老之将至’云尔。”

去叶，反于蔡。长沮、桀溺耦而耕，孔子以为隐者，使子路问津焉。长沮曰：“彼执舆者为谁？”子路曰：“为孔丘。”曰：“是鲁孔丘与？”曰：“然。”曰：“是知津矣。”桀溺谓子路曰：“子为谁？”曰：“为仲由。”曰：“子，孔丘之徒与？”曰：“然。”桀溺曰：“悠悠者天下皆是也，而谁以易之？且与其从辟人之士，岂若从辟世之士哉！”耰而不辍。子路以告孔子，孔子怃然曰：“鸟兽不可与同群。天下有道，丘不与易也。”

他日，子路行，遇荷蓧丈人，曰：“子见夫子乎？”丈人曰：“四体不勤，五谷不分，孰为夫子！”植其杖而芸。子路以告，孔子曰：“隐者也。”复往，则亡。

孔子迁于蔡三岁，吴伐陈。楚救陈，军于城父。闻孔子在陈蔡之间，楚使人聘孔子。孔子将往拜礼，陈蔡大夫谋曰：“孔子贤者，所刺讥皆中诸侯之疾。今日久留陈蔡之间，诸大夫所设行皆非仲尼之意。今楚，大国也，来聘孔子。孔子用于楚，则陈蔡用事大夫危矣。”于是乃相与发徒役围孔子于野。不得行，绝粮，从者病，莫能兴。孔子讲诵弦歌不衰。子路愠见曰：“君子亦有穷乎？”孔子曰：“君子固穷，小人穷斯滥矣。”

子贡色作。孔子曰：“赐，尔以予为多学而识之者与？”曰：“然。非与？”孔子曰：“非也。予一以贯之。”

孔子知弟子有愠心，乃召子路而问曰：“《诗》云：‘匪兕匪虎，率彼旷野’。吾道非耶？吾何为于此？”子路曰：“意者吾未仁耶？人之不我信也。意者吾未知耶？人之不我行也。”孔子曰：“有是乎！由，譬使仁者而必信，安有伯夷、叔齐？使知者而必行，安有王子比干？”

子路出，子贡入见。孔子曰：“赐，《诗》云：‘匪兕匪虎，率彼旷野’。吾道非耶？吾何为于此？”子贡曰：“夫子之道至大也，故天下莫能容夫子。夫子盖少贬焉？”孔子曰：“赐，良农能稼而不能为穑，良工能巧而不能为顺。君子能修其道，纲而纪之，统而理之，而不能为容。今尔不修尔道而求为容。赐，而志不远矣！”

子贡出，颜回入见。孔子曰：“回，《诗》云：‘匪兕匪虎，率彼旷野’。吾道非耶？吾何为于此？”颜回曰：“夫子之道至大，故天下莫能容。虽然，夫子推而行之，不容何病？不容然后见君子！夫道之不修也，是吾丑也。夫道既已大修而不用，是有国者之丑也。不容何病？不容然后见君子！”孔子欣然而笑曰：“有是哉？颜氏之子！使尔多财，吾为尔宰。”

于是使子贡至楚。楚昭王兴师迎孔子，然后得免。

昭王将以书社地七百里封孔子。楚令尹子西曰：“王之使使诸侯有如子贡者乎？”曰：“无有。”“王之辅相有如颜回者乎？”曰：“无有。”“王之将率有如子路者乎？”曰：“无有。”“王之官尹有如宰予者乎？”曰：“无有。”“且楚之祖封于周，号为子男五十里。今孔丘述三王之法，明周召之业，王若用之，则楚安得世世堂堂方数千里乎？夫文王在丰，武王在镐，百里之君，卒王天下。今孔丘得据土壤，贤弟子为佐，非楚之福也。”昭王乃止。其秋，楚昭王卒于城父。

楚狂接舆歌而过孔子，曰：“凤兮凤兮，何德之衰！往者不可谏兮，来者犹可追也！已而已而，今之从政者殆而！”孔子下，欲与之言。趋而去，弗得与之言。

于是孔子自楚反乎卫。是岁也，孔子年六十三，而鲁哀公六年也。

其明年，吴与鲁会缯，征百牢。太宰嚭召季康子。康子使子贡往，然后得已。

孔子曰：“鲁卫之政，兄弟也。”是时，卫君辄父不得立，在外，诸侯数以为让。而孔子弟子多仕于卫，卫君欲得孔子为政。子路曰：“卫君待子而为政，子将奚先？”孔子曰：“必也正名乎！”子路曰：“有是哉，子之迂也！何其正也？”孔子曰：“野哉由也！夫名不正则言不顺，言不顺则事不成，事不成则礼乐不兴，礼乐不兴则刑罚不中，刑罚不中则民无所措手足矣。夫君子为之必可名，言之必可行。君子于其言，无所苟而已矣。”

其明年，冉有为季氏将师，与齐战于郎，克之。季康子曰：“子之于军旅，学之乎？性之乎？”冉有曰：“学之于孔子。”季康子曰：“孔子何如人哉？”对曰：“用之有名，播之百姓，质诸鬼神而无憾。求之至于此道，虽累千社，夫子不利也。”康子曰：“我欲召之，可乎？”对曰：“欲召之，则毋以小人固之，则可矣。”而卫孔文子将攻太叔，问策于仲尼。

辞不知，退而命载而行，曰："鸟能择木，木岂能择鸟乎！"文子固止。会季康子逐公华、公宾、公林，以币迎孔子，孔子归鲁。

孔子之去鲁凡十四岁而反乎鲁。

鲁哀公问政，对曰："政在选臣。"季康子问政，曰："举直错诸枉，则枉者直。"康子患盗，孔子曰："苟子之不欲，虽赏之不窃。"然鲁终不能用孔子，孔子亦不求仕。

孔子之时，周室微而礼乐废，诗书缺。追迹三代之礼，序书传，上纪唐虞之际，下至秦缪，编次其事。曰："夏礼吾能言之，杞不足征也。殷礼吾能言之，宋不足征也。足，则吾能征之矣。"观殷夏所损益，曰："后虽百世可知也，以一文一质。周监二代，郁郁乎文哉。吾从周。"故《书传》《礼记》自孔氏。

孔子语鲁太师："乐其可知也。始作翕如，纵之纯如，皦如，绎如也，以成。""吾自卫反鲁，然后乐正，《雅》《颂》各得其所。"

古者《诗》三千余篇，及至孔子，去其重，取可施于礼义。上采契、后稷，中述殷周之盛，至幽、厉之缺，始于衽席，故曰："《关雎》之乱以为《风》始，《鹿鸣》为《小雅》始，《文王》为《大雅》始，《清庙》为《颂》始。"三百五篇孔子皆弦歌之，以求合《韶》《武》《雅》《颂》之音。礼乐自此可得而述，以备王道，成六艺。

孔子晚而喜《易》《序》《彖》《系》《象》《说卦》《文言》。读《易》，韦编三绝。曰："假我数年，若是，我于《易》则彬彬矣。"

孔子以《诗》《书》、礼乐教，弟子盖三千焉，身通六艺者七十有二人。如颜浊邹之徒，颇受业者甚众。

孔子以四教：文、行、忠、信。绝四：毋意、毋必、毋固、毋我。所慎：斋、战、疾。子罕言利与命与仁。不愤不启，举一隅不以三隅反，则弗复也。

其于乡党，恂恂似不能言者。其于宗庙朝廷，辩辩言，唯谨尔。朝，与上大夫言，訚訚如也；与下大夫言，侃侃如也。

入公门，鞠躬如也；趋进，翼如也。君召使傧，色勃如也。君命召，不俟驾行矣。

鱼馁，肉败，割不正，不食。席不正，不坐。食于有丧者之侧，未尝饱也。

是日哭，则不歌。见齐衰、瞽者，虽童子必变。

"三人行，必得我师。""德之不修，学之不讲，闻义不能徙，不善不能改，是吾忧也。"使人歌，善，则使复之，然后和之。

子不语：怪、力、乱、神。

子贡曰："夫子之文章，可得闻也。夫子言天道与性命，弗可得闻也已。"颜渊喟然叹曰："仰之弥高，钻之弥坚。瞻之在前，忽焉在后。夫子循循然善诱人，博我以文，约我以礼，欲罢不能。既竭我才，如有所立，卓尔。虽欲从之，蔑由也已。"达巷党人曰："大哉孔子！博学而无所成名。"子闻之曰："我何执？执御乎？执射乎？我执御矣。"牢曰："子云'不试，故艺'。"

鲁哀公十四年春，狩大野。叔孙氏车子鉏商获兽，以为不祥。仲尼视之，曰："麟也。"取之。曰："河不出图，洛不出书，吾已矣夫！"颜渊死，孔子曰："天丧予！"及西狩见麟，曰："吾道穷矣！"喟然叹曰："莫知我夫！"子贡曰："何为莫知子？"子曰："不怨天，不尤人，下学而上达，知我者其天乎！"

"不降其志，不辱其身，伯夷、叔齐乎！"谓"柳下惠、少连降志辱身矣"。谓"虞仲、夷逸隐居放言，行中清，废中权"。"我则异于是，无可无不可。"

子曰："弗乎弗乎，君子疾没世而名不称焉。吾道不行矣，吾何以自见于后世哉？"乃因史记作《春秋》，上至隐公，下讫哀公十四年，十二公。据鲁，亲周，故殷，运之三代。约其文辞而指博。故吴楚之君自称王，而《春秋》贬之曰"子"；践土之会实召周天子，而《春秋》讳之曰"天王狩于河阳”；推此类以绳当世。贬损之义，后有王者举而开之。《春秋》之义行，则天下乱臣贼子惧焉。

孔子在位听讼，文辞有可与人共者，弗独有也。至于为《春秋》，笔则笔，削则削，子夏之徒不能赞一辞。弟子受《春秋》，孔子曰：“后世知丘者以《春秋》，而罪丘者亦以《春秋》。”

明岁，子路死于卫。孔子病，子贡请见。孔子方负杖逍遥于门，曰：“赐，汝来何其晚也？”孔子因叹，歌曰：“太山坏乎！梁柱摧乎！哲人萎乎！”因以涕下。谓子贡曰：“天下无道久矣，莫能宗予。夏人殡于东阶，周人于西阶，殷人两柱间。昨暮予梦坐奠两柱之间，予殆殷人也。”后七日卒。

孔子年七十三，以鲁哀公十六年四月己丑卒。

哀公诔之曰：“旻天不吊，不慭遗一老，俾屏余一人以在位，茕茕余在疚。呜呼哀哉！尼父，毋自律！”子贡曰：“君其不没于鲁乎！夫子之言曰：‘礼失则昏，名失则愆。失志为昏，失所为愆。’生不能用，死而诔之，非礼也。称‘余一人’，非名也。”

孔子葬鲁城北泗上，弟子皆服三年。三年心丧毕，相诀而去，则哭，各复尽哀；或复留。唯子贡庐于冢上，凡六年，然后去。弟子及鲁人往从冢而家者百有余室，因命曰孔里。

鲁世世相传以岁时奉祠孔子冢，而诸儒亦讲礼乡饮大射于孔子冢。孔子冢大一顷。故所居堂弟子内，后世因庙藏孔子衣冠琴车书，至于汉二百余年不绝。高皇帝过鲁，以太牢祠焉。诸侯卿相至，常先谒然后从政。

孔子生鲤，字伯鱼。伯鱼年五十，先孔子死。

伯鱼生伋，字子思，年六十二。尝困于宋。子思作《中庸》。

子思生白，字子上，年四十七。子上生求，字子家，年四十五。子家生箕，字子京，年四十六。子京生穿，字子高，年五十一。子高生子慎，年五十七，尝为魏相。

子慎生鲋，年五十七，为陈王涉博士，死于陈下。

鲋弟子襄，年五十七。尝为孝惠皇帝博士，迁为长沙太守。长九尺六寸。

子襄生忠，年五十七。忠生武，武生延年及安国。安国为今皇帝博士，至临淮太守，早卒。安国生卬，卬生驩。

太史公曰：《诗》有之："高山仰止，景行行止。"虽不能至，然心向往之。余读孔氏书，想见其为人。适鲁，观仲尼庙堂车服礼器，诸生以时习礼其家，余低回留之不能去云。天下君王至于贤人众矣，当时则荣，没则已焉。孔子布衣，传十余世，学者宗之。自天子王侯，中国言六艺者折中于夫子，可谓至圣矣！

第三章
《中庸》

《中庸》在儒家哲学里之重要性，是显而易见的。我之所以把《中庸》这部书置诸儒家典籍之首，即因为研究儒家哲学自此书入手，最为得法。研究儒家哲学时，《中庸》一书本身，可说就是一个相当适宜而完整的基础。

《中庸》为《四书》之第二部，本书下一章《大学》，为《四书》之第一部。《中庸》在儒家哲学里之重要性，由下面文本看来，是显而易见的。我之所以把《中庸》这部书置诸儒家典籍之首，即因为研究儒家哲学自此书入手，最为得法。研究儒家哲学时，《中庸》一书本身，可说就是一个相当适宜而完整的基础。《中庸》这部书，据早期权威学者所说，其作者为孔子之孙，曾子之门人，孟子之师，名叫子思。此外，据说《礼记》中的《坊记》《表记》《缁衣》，也是出诸子思之手。若将《孟子》与《中庸》二书的风格与思想相比，尤其是《中庸》之第一、七、八三节，其相似之明显，实属有目共睹，不容误认。而该书第七节中一部分，则在《孟子》一书中，竟完全重现。如果子思真是《中庸》的作者，他真不愧为孟子的良师，因为他的雏形观念之见于《中庸》者，竟生长成熟，在孟子的雄辩滔滔的口才中出现了。治学严谨之士，会在《中庸》与孟子的哲学中看出其脉络深深的关联。

【原文】

天命之谓性，率性之谓道，修道之谓教。道也者，不可须臾离也；可离，非道也。是故君子戒慎乎其所不睹，恐惧乎其所不闻。莫见乎隐，莫显乎微，故君子慎其独也。

喜怒哀乐之未发，谓之中；发而皆中节，谓之和。中也者，天下之大本也；和也者，天下之达道也。致中和，天地位焉，万物育焉。

【语译】

天所赋予人的禀赋叫本性，遵循本性处世做事叫正道，修明循乎本性的正道，使一切事物都能合于正道，叫做教化。这个正道，是人不能片刻离开的，若能离开，就不是正道了。所以君子在无人看到之处要警戒谨慎，在无人听到的地方要恐惧护持。须知道，最隐暗看不见的地方，也是最容易发现的，最微细得看不见的事物，也是最容易显露出来的。因此，君子一个人独居的时候，是要特别谨慎的。

喜怒哀乐的情感还没有发动之时，心是平静而无所偏倚的，这叫做中；如果情感发出来都合乎节度，没有过与不及，就叫做和。中，是天下万事万物的大本；和，是天下共行的大道。人如能把中和的道理推而极之，那么，天地一切都各得其所，万物也都各遂其生了。

【原文】

仲尼曰："君子中庸，小人反中庸。君子之中庸也，君子而时中；小人之反中庸也，小人而无忌惮也。"

【语译】

孔子说："君子的所作所为都合乎中庸之道，小人的所作所为都违反中庸之道。君子之所以能合乎中庸之道，因为君子能随时居于中道，无过无不及；小人之所以违反中庸之道，因为小人不知此理，无戒慎恐惧之心，而无所不为。"

【原文】

子曰："中庸其至矣乎！民鲜能久矣。"

【语译】

孔子说："中庸的道理，真是至善至美啊！可惜一般人多不能实行这种道理，已经很久了。"

【原文】

子曰："道之不行也，我知之矣：知者过之，愚者不及也。道之不明也，我知之矣：贤者过之，不肖者不及也。人莫不饮食也，鲜能知味也。"

【语译】

孔子说："中庸的道理之所以不能实行，我已知道为什么了：聪明的人过于明白，以为不足行，而笨拙的人又根本不懂，不知道怎样实行。中庸的道理之所以不能显明，我已知道为什么了：有才智的人做得过分，而没有才智的人却又做不到。犹之乎人没有不饮食的，但很少人能知道滋味。"

【原文】

子曰："道其不行矣夫！"

【语译】

孔子说："中庸之道恐怕不能够行了吧。"

【原文】

子曰："舜其大知也与！舜好问而好察迩言：隐恶而扬善，执其两端，用其中于民。其斯以为舜乎！"

【语译】

孔子说："舜可算得是有智慧的人吧！他喜欢问别人的意见，而且对于很浅近的话也喜欢仔细审度。把别人错的意见隐藏起来，把别人好的意见宣扬出来，并且把众论中之过与不及的予以折中，取其中道施行之于民众。这就是舜的道理吧！"

【原文】

子曰："人皆曰'予知'；驱而纳诸罟擭陷阱之中，而莫之知辟也。人皆曰'予知'；择乎中庸，而不能期月守也。"

【语译】

孔子说："人人都说'我是聪明人'，可是被别人驱入网内、驱入机槛中或陷坑里，却不知道避开。人人都说'我是聪明人'，可是自己选择的中庸之道，连一个月的时间还守不满呢。"

【原文】

子曰："回之为人也，择乎中庸，得一善，则拳拳服膺而弗失之矣。"

【语译】

孔子说："颜回的做人，能择取中庸之道，得到一善，就奉持固守而不再失掉。”

【原文】

子曰：“天下国家可均也，爵禄可辞也，白刃可蹈也，中庸不可能也！”

【语译】

孔子说：“天下国家（言其大）是可使之上轨道，官位和俸禄也可以辞掉不要，闪亮的刀也敢践踏上去，只是中庸之道不容易做到啊！”

【原文】

子路问“强”。子曰：“南方之强与？北方之强与？抑而强与？宽柔以教，不报无道，南方之强也，君子居之。衽金革，死而不厌，北方之强也，而强者居之。故君子和而不流，强哉矫！中立而不倚，强哉矫！国有道，不变塞焉，强哉矫！国无道，至死不变，强哉矫！”

【语译】

子路问孔子什么是“强”。孔子说：“你问的是南方人的强呢？北方人的强呢？还是你自己的所谓的强呢？以宽宏容忍的道理去教诲人，能忍受无理的欺负而不报复，是南方人的强，君子能安于此道。披戴兵器甲胄，坐卧不离，至死不厌倦，是北方人的强，勇武好斗的人能安于此道。可是君子与人和平相处，不随流俗转移，这才是真强！守中庸之道，而无所偏倚，这才是真强！国家政治上轨道时，不改变贫困时的操守，这才是真强！国家无道时，至死也不改变平生的志节，这才是真强！”

【原文】

子曰：“素隐行怪，后世有述焉；吾弗为之矣。君子遵道而行，半途而废；吾弗能已矣。君子依乎中庸，遁世不见知而不悔，唯圣者能之。”

【语译】

孔子说：“追求隐僻的生活，做些怪诞的事，用以欺世盗名，后世也会有人称道，我可不会这样做。有些君子遵循中庸之道，可是走到半路就停止了，我可不能中止。君子依照中庸之道而行，即使隐遁山林而不为世人所知，也不懊悔，这只有圣人才能做到。”

【原文】

君子之道，费而隐。夫妇之愚，可以与知焉；及其至也，虽圣人亦有所不知焉。夫妇之不肖，可以能行焉；及其至也，虽圣人亦有所不能焉。天地之大也，人犹有所憾。故君子语大，天下莫能载焉；语小，天下莫能破焉。《诗》云："鸢飞戾天，鱼跃于渊。"言其上下察也。君子之道，造端乎夫妇；及其至也，察乎天地。

【语译】

君子之道，用处很广，而道体隐微难见。即使没有知识的愚夫愚妇都可以知晓的道理，若讲到极精微之处，虽然是圣人，也有所不知。愚夫愚妇也是可以实行的道理，可是极精微之处，即使是圣人也有所不能。天地是这样的广博正大，而人遭到自然灾害时还感到不满。所以君子之道，讲到大处，天下都承载不了；讲到细微之处，天下也无人能识破其奥妙。《诗经》上说："鹞鹰一飞而上至天际，鱼儿一跃而下入深渊。"是说鹰与鱼上及于天下及于渊那自然而显著的性能。所以君子之道，自匹夫匹妇的简单生活起始，至其极致，能明察天地间的万事万物。

【原文】

子曰："道不远人；人之为道而远人，不可以为道。"《诗》云："伐柯伐柯，其则不远。"执柯以伐柯，睨而视之，犹以为远。故君子以人治人，改而止。忠恕违道不远，施诸己而不愿，亦勿施于人。

君子之道四，丘未能一焉："所求乎子以事父，未能也；所求乎臣以事君，未能也；所求乎弟以事兄，未能也；所求乎朋友先施之，未能也。庸德之行，庸言之谨；有所不足，不敢不勉；有余不敢尽。言顾行，行顾言，君子胡不慥慥尔！”

【语译】

孔子说：“道是离人不远的；人好高骛远，反而使道与人远离，那就不足以为道。”《诗经》上说：“伐柯伐柯，取法眼前。”若执斧柄来削制另一个斧柄，斜着眼睛看看，还是觉得不相似，那是偏差错误了。所以君子只拿别人能知能行且自身本有的道理作为法则去教别人，使他改正即可。能做到尽己之心推己及人，中庸之道就不远了，凡是别人加之于我自身而我自己不愿意的事，也不要加之于别人身上。

君子之道有四件事，我都没能做到一件：“所求为子侍奉父母应做的那些事，我还没能完全做到；所求臣侍奉君王应做的事，我还没能够做到；所求做弟弟的敬兄长应做的事，我都没能够做到；所求对待朋友应做的，我也没有以身作则完全做到。平常的德行，应尽力实践，平常讲话，应力求谨慎，如有不周到之处，不敢不勉力去做；多余的话不敢全说出来。说话时要顾到能否做到，做事也要顾到所说的话，君子为何不努力笃行实践呢！”

【原文】

君子素其位而行，不愿乎其外。素富贵，行乎富贵；素贫贱，行乎贫贱；素夷狄，行乎夷狄；素患难，行乎患难。君子无入而不自得焉。

在上位，不陵下；在下位，不援上。正己而不求于人，则无怨。上不怨天，下不尤人。故君子居易以俟命，小人行险以侥幸。

子曰："射有似乎君子，失诸正鹄，反求诸其身。"

【语译】

君子就现在所处的地位做应做的事，不希望做本分以外的事。处在富贵的地位，做富贵时应做的事；贫贱时，做贫贱时应做的事；在夷狄的地位，做夷狄应做的事；处患难的地位，做患难时应做的事。君子守道安分，无论在何地位都是自得的。

（君子）处上位不欺侮在下位的人，处下位不攀附在上位的人。端正自己对别人无所要求，自然没有什么怨恨。上不怨恨天，下不怪罪他人。所以君子安于平易的地位以待天命到来，小人却要冒险妄求非分的利益。

孔子说："射箭像君子的做人之道，射不中正鹄，不怪别人，只反求诸己，怨自己的功力不够好。"

【原文】

君子之道，辟如行远，必自迩；辟如登高，必自卑。《诗》曰："妻子好合，如鼓瑟琴。兄弟既翕，和乐且耽。宜尔室家，乐尔妻孥。"子曰："父母其顺矣乎！"

【语译】

君子之道，如同走远路，必须从近处开始；如同登高处，必须从低处开始。《诗经》上说："妻子儿女感情和睦，像弹琴瑟一样和谐。兄弟感情投合，其乐融融。使家庭和顺皆得其宜，使你妻子快乐。"孔子赞叹说："这样，父母一定也很顺心乐意了！"

【原文】

子曰："鬼神之为德，其盛矣乎！视之而弗见，听之而弗闻，体物而不可遗。使天下之人，齐明盛服，以承祭祀，洋洋乎如在其上，如在其左右。

"《诗》曰：'神之格思，不可度思，矧可射思。'夫微之显，诚之不可掩如此夫！"

【语译】

孔子说："鬼神的性能，可算是到了极点！看他不见，听他无声，但他却是无处不在，像是具有形体而不能遗忘一样。使天下人，斋戒沐浴穿着整齐衣服，承奉祭祀，到处充满鬼神的灵气，好像就在头顶上，又好像在身边左右。

“《诗经》上说：‘神的来临，不可测度，怎么可以怠慢不敬呢？’鬼神之事本属隐微，却又如此明显，所以真实无妄的心，不能掩藏，必与此相同啊！”

【原文】

子曰：“舜其大孝也与！德为圣人，尊为天子，富有四海之内，宗庙飨之，子孙保之。故大德，必得其位，必得其禄，必得其名，必得其寿。故天之生物，必因其材而笃焉，故栽者培之，倾者覆之。

“《诗》曰：‘嘉乐君子，宪宪令德。宜民宜人，受禄于天。保佑命之，自天申之。’故大德者必受命。”

【语译】

孔子说：“舜可算是大孝的人吧！论他的德行，已为圣人，论他的尊贵，已为天子；论他的财富，已有四海之大，世世受宗庙的祭飨，子孙永久保持祭祀不绝。所以有大德之人，必定得到尊位，必定得到厚禄，必定得到美名，必定得到高寿。所以上天生育万物，一定因其材质而予以厚施，所以可栽种的予以培植，要倾倒的就只好任其倒下。

“《诗经》上说：‘善良而快乐的君子，有明显的美德，适合于民众，有益于民众，所以能承受上天赐予的福禄，上天保佑他，并赋予他重大的使命。’所以有大德的人，必然能受天命而为天子。”

【原文】

子曰：“无忧者，其惟文王乎！以王季为父，以武王为子，父作之，子述之。武王缵大王、王季、文王之绪，壹戎衣而有天下，身不失天下之显名，尊为天子，富有四海之内，宗庙飨之，子孙保之。

“武王末受命，周公成文、武之德，追王大王、王季，上祀先公以天子之礼。斯礼也，达乎诸侯大夫，及士庶人。父为大夫，子为士，葬以大夫，祭以士；父为士，子为大夫，葬以士，祭以大夫。期之丧，达乎大夫，三年之丧，达乎天子；父母之丧，无贵贱，一也。”

【语译】

孔子说：“无忧无愁的人，算只有周文王了吧！有王季做他的父亲，有武王做他的儿子；父亲做好基业，儿子又能继志述德。周武王继承大王、王季、文王的基业，灭了殷而得了天下，自身没失掉天下显扬的名声，贵为天子，富有四海，世世受宗庙的祭飨，子子孙孙永久保持祭祀不绝。

“周武王在晚年才受天命做天子，到周公才完成文王武王的德业，追加大王、王季的帝王谥号，并以天子的礼节追祀以前的祖宗。这种礼节，从天子到诸侯大夫，一直适用到士人百姓。如果父亲做大夫，儿子是士人，葬时就用大夫的礼节，祭时用士人的礼节；父亲是士人，儿子为大夫，丧时就用士人的礼节，祭时用大夫的礼节。旁系亲属的一年之丧，只到大夫为止；直系亲属的三年之丧，天子也须遵守；至于父母之丧，无论尊贵和卑贱，完全一样。”

【原文】

子曰：“武王、周公其达孝矣乎！夫孝者，善继人之志，善述人之事者也。春秋修其祖庙，陈其宗器，设其裳衣，荐其时食。

“宗庙之礼，所以序昭穆也；序爵，所以辨贵贱也；序事，所以辨贤也；旅酬下为上，所以逮贱也；燕毛，所以序齿也。

“践其位，行其礼，奏其乐；敬其所尊，爱其所亲；事死如事生，事亡如事存，孝之至也。

“郊社之礼，所以事上帝也；宗庙之礼，所以祀乎其先也。明乎郊社之礼、禘尝之义，治国其如示诸掌乎！”

【语译】

孔子说：“周武王和周公算是天下通称为能尽孝道的了！所谓孝，就是能继承先人的遗志，完成先人的事业。春秋祭祀，修好祖宗的庙宇，陈列出祖宗所藏的重要器物，摆设祖宗穿过的衣服，并供献应时的食品。

“宗庙祭祀的礼节，就是要排列父子远近、长幼、亲疏的次序；排列爵位的次序，就是要分别官位的尊卑；排列各职事的次序，就是要分别子孙才能的高下；子弟们皆得举酒以敬长辈，就是要使卑下者也有居于先导的光荣。饮宴时，以毛发的颜色定座位的上下，就是要分别长幼的次序。

“站在排定的位置，行祭祀的礼节，奏着祭祀的音乐；敬奉那些应该尊重的，爱护那些应该亲近的；侍奉死者如同侍奉生者一样，侍奉逝去的如同侍奉现存的一样，这就是尽孝的极致。

“祭祀天地的礼节，是为了侍奉上帝；祭祀祖庙的礼节，是为了祭祀祖先。明白了祭天地的礼节，和天子宗庙大祭与秋祭的意义，治理国家，犹如把东西放在手掌上一样容易啊！”

【原文】

哀公问政。子曰：“文武之政，布在方策。其人存，则其政举，其人亡，则其政息。人道敏政，地道敏树。夫政也者，蒲卢也。

“故为政在人，取人以身，修身以道，修道以仁。仁者，人也，亲亲为大。义者，宜也，尊贤为大。亲亲之杀，尊贤之等，礼所生也。

“故君子不可以不修身；思修身，不可以不事亲；思事亲，不可以不知人；思知人，不可以不知天。

“天下之达道五，所以行之者三。曰：君臣也，父子也，夫妇也，昆弟也，朋友之交也；五者，天下之达道也。知、仁、勇三者，天下之达德也。所以行之者人，一也。或生而知之，或学而知之，或困而知之，及其知之，一也。或安而行之，或利而行之，或勉强而行之，及其成功，一也。”

子曰：“好学近乎知，力行近乎仁，知耻近乎勇。知斯三者，则知所以修身；知所以修身，则知所以治人；知所以治人，则知所以治天下国家矣。

“凡为天下国家有九经，曰：修身也，尊贤也，亲亲也，敬大臣也，体群臣也，子庶民也，来百工也，柔远人也，怀诸侯也。修身，则道立；尊贤，则不惑；亲亲，则诸父昆弟不怨；敬大臣，则不眩；体群臣，则士之报礼重；子庶民，则百姓劝；来百工，则财用足；柔远人，则四方归之；怀诸侯，则天下畏之。

“齐明盛服，非礼不动，所以修身也；去谗远色，贱货而贵德，所以劝贤也；尊其位，重其禄，同其好恶，所以劝亲亲也；官盛任使，所以劝大臣也；忠信重禄，所以劝士也；

时使薄敛，所以劝百姓也，日省月试，既禀称事，所以劝百工也；送往迎来，嘉善而矜不能，所以柔远人也；继绝世，举废国，治乱持危，朝聘以时，厚往而薄来，所以怀诸侯也。凡为天下国家有九经，所以行之者一也。凡事豫则立，不豫则废。言前定，则不跲；事前定，则不困；行前定，则不疚；道前定，则不穷。

“在下位，不获乎上，民不可得而治矣；获乎上有道，不信乎朋友，不获乎上矣；信乎朋友有道，不顺乎亲，不信乎朋友矣；顺乎亲有道，反诸身不诚，不顺乎亲矣。诚身有道，不明乎善，不诚乎身矣。

“诚者，天之道也，诚之者，人之道也。诚者，不勉而中，不思而得，从容中道，圣人也。诚之者，择善而固执之者也。

“博学之，审问之，慎思之，明辨之，笃行之。有弗学，学之弗能弗措也；有弗问，问之弗知弗措也；有弗思，思之弗得弗措也；有弗辨，辨之弗明弗措也；有弗行，行之弗笃弗措也。人一能之，己百之；人十能之，己千之。果能此道矣，虽愚必明，虽柔必强。”

【语译】

鲁哀公问为政之道。孔子说：“周文王与武王的施政，都记载在典籍上。但全在乎施政的人。他们在位时，他们的政教就能施行；他们死后，他们的政教也就作废了。以人施政之道，在使政教能推行快速；以地种树之道，在使树木能生长快速。以人施政，易见成效，如同地上蒲苇的快速滋长一样。

“因此为政之道，在于得到人才，而得人才的方法在于修养自身，要修身必须重视天下人共守的法则，要修道必须依照万物得于天的自然本性。所谓仁，就是人性；以亲爱自己的亲人最为重大。所谓义，就是事事得其所宜，以尊敬贤德的人最为重大。亲爱亲人而有等差，尊敬贤者而有等级，就是从礼节所产生的。

“所以，要治国的君子不可不讲究修身；要想修身，不可不侍奉双亲；要想侍奉双亲，不可不知道尊贤爱人，要知道尊贤爱人，不可不知道天理。

“天下共同遵从的道路有五条，而用以实行的德行则有三种。我们说：君臣、父子、夫妇、兄弟、朋友的交往，这五种就是天下人共同遵从的道路。智慧、仁爱、勇敢，是天下人应有的德行。用来实行的那就是一个‘诚’字。

“这些道理，有些人天生不待学习就知道，有些人是经过学习才知道的，有些人则是经过勤勉苦学而后才知道的。等到知道时则都是一样。有些人心安理得去实行，有些人为了利益才去实行，有些人则需要勉强才能实行，但等到成功则都是一样。”

孔子说：“喜爱研究学问接近智，能够努力行善接近仁，知道什么是羞耻接近勇。知道了这三样，就可以知道怎样去修身；知道怎样修身，就可以知道怎样治理别人；知道了怎样去治理别人，就可以知道怎样治理天下国家了。

“治理天下国家有九种不变的纲领，就是：修正己身，尊重贤人，亲近并爱护亲人，恭敬大臣，体恤众臣，爱民如子，招徕各种技工，善待远方来人，安抚列国诸侯。

“能修好己身，大道就可以树立；能尊重贤人，对于事理就不致疑惑；能亲爱亲人，伯叔兄弟们就不会有怨恨；能敬重大臣，临事就不会迷乱；能体恤臣下，才智之士就会竭力以图报效；能爱民如子，百姓就会自相效忠；能招徕各种工人，国家的财用就会充足；能善待远方的来人，四方的人自然都来归附了；能安抚列国诸侯，天下人自然畏服。

“斋戒明洁，正其衣冠，不合礼节的事不轻举妄为，就是修正己身的方法；不听诬陷好人的坏话，远离女色，轻视财物而重视道德，就是勉励贤人的方法；升高他的爵位，增加他的俸禄，同情他的爱好和厌恶，就是劝勉亲近亲人的方法；所属众多而便于差使，就是劝勉大臣的方法；待之以至诚，养之以厚禄，就是劝勉士众的方法；役使适时，少收赋税，就是劝勉百姓的方法；经常查考工作，给予报酬与其工作相称，就是劝勉工匠的方法；欢送去的，欢迎来的，对有善行的予以奖励，对于才能薄弱的加以矜恤，就是怀柔远方人的方法；延续已绝的世系，振兴废灭的国家，有乱事的将之治平，有危难的予以扶持，诸侯的朝聘之礼使有定时，赏赐厚而纳贡薄，就是安抚诸侯的方法。治理天下国家经常不变的纲领有九项，而用以实行的方法只是一个‘诚’字。

“任何事情，事前有准备就可成功，没有准备就会失败。说话先有准备，就不会理由站不住；做事先有准备，就不会遭遇困难；行为先有定夺，就不会出毛病；做人的道理先有定则，就不会行不通。

“在下位时，若得不到上级的信任，人民就无法治理；要得到上级的信任有其方法，不为朋友所信任，就得不到上级的信任；要取得朋友的信任有其方法，若不能孝顺父母就不能为朋友所信任；孝顺父母是有方法的，若反省自身没有诚意，就不能孝顺父母。本身有诚意也有方法，若不明白至善之所在，自身也就不能有诚意了。

“诚，是天生的真理，实践此诚字，是人为的真理。所谓诚，是不需勉强而合，不需思维而得，一举一动都合乎道理，只有圣人才能做到。所谓实践之诚，那就要选择至善之道而坚守不渝才可以。

“要广博地学习，详细地求教，慎重地思考，明白地辨别，切实地力行。不学习则已，既学习，不到学识渊博不止；不求教则已，既求教，不到彻底明白不止；不思考则已，既思考，不到想出道理不止；不辨别则已，既辨别，不到辨别明白不止；不实行则已，既实行，不到切实做到不止。别人学一次就会了，我学一百次，别人学十回就会了，我学一千回。一个人如果真能照这样做，即使是个笨人也会聪明起来的，即使是个柔弱的人，也会坚强起来的。”

【原文】

自诚明，谓之性；自明诚，谓之教。诚则明矣，明则诚矣。

【语译】

由本性诚而自然明善，是天赋的本性；由明善而归于真诚，是人为的教化。有了诚就能明白道理，能够明白道理，也就做到诚了。

【原文】

唯天下至诚，为能尽其性；能尽其性，则能尽人之性；能尽人之性，则能尽物之性；能尽物之性，则可以赞天地之化育；可以赞天地之化育，则可以与天地参矣。

【语译】

只有天下之至诚圣人，能完全实行他天赋本性的极致；能尽他自己的本性，就能尽知他人的本性；能尽知他人的本性，就能尽知万物的本性；能尽知万物的本性，就可以赞助天地间万物的化育，能赞助天地间万物的化育，就可以与天地并立为三了。

【原文】

其次致曲，曲能有诚。诚则形，形则著；著则明，明则动；动则变，变则化。唯天下至诚为能化。

【语译】

次于圣人一等的贤人，如能完全发挥其本性之善，亦能达到诚的地步；诚于中就会表现于外；形于外就显而易见，就会光辉发越，光辉发越，就可以感动人心；感动人心，就能转移习俗，转移习俗，就能化育万物。只有天下最诚的人，能做到化育万物的地步。

【原文】

至诚之道，可以前知。国家将兴，必有祯祥；国家将亡，必有妖孽。见乎蓍龟，动乎四体。祸福将至，善，必先知之；不善，必先知之。故至诚如神。

【语译】

诚到极点，可以预知未来。国家将兴，必有吉兆；国家将亡，必有凶兆。发现在卜筮的蓍草和龟甲上，表现在人的动作仪态上。祸福将要来临，是福，必会先知道；是祸，也可预先知道。所以至诚之人，犹如神明一样。

【原文】

诚者，自成也；而道，自道也。诚者，物之终始，不诚无物。是故君子诚之为贵。诚者，非自成己而已也，所以成物也。成己，仁也；成物，知也。性之德也，合外内之道也，故时措之宜也。

【语译】

诚，为完成自己人格的要件；道，则是引导自己走向正当行的道路。诚，为自然之理，万事万物的始终本末都不能与之相离，没有“诚”，万事万物也就不存在了。所以君子把“诚”看得特别宝贵。诚，并不仅在完成自己，而是要成就万事万物。成就自己的人格叫做“仁”；成就万事万物，叫做“智”。仁与智植根于人的本性，因之，内外才能合而为一，随时施行都是适宜的。

【原文】

故至诚无息。不息则久，久则征，征则悠远，悠远则博厚，博厚则高明。博厚，所以载物也；高明，所以覆物也；悠久，所以成物也。博厚配地，高明配天，悠久无疆。如此者，不见而章，不动而变，无为而成。

天地之道，可一言而尽也：其为物不贰，则其生物不测。天地之道：博也，厚也，高也，明也，悠也，久也。今夫天，斯昭昭之多，及其无穷也，日月星辰系焉，万物覆焉。今夫地，一撮土之多，及其广厚，载华岳而不重，振河海而不泄，万物载焉。今夫山，一拳石之多，及其广大，草木生之，禽兽居之，宝藏兴焉。今夫水，一勺之多，及其不测，鼋鼍蛟龙鱼鳖生焉，货财殖焉。

《诗》云："维天之命，于穆不已。"盖曰，天之所以为天也。"于乎不显，文王之德之纯。"盖曰，文王之所以为文也，纯亦不已。

【语译】

所以至诚之道永不间断。不间断，自然会持久；诚于中者既久，自然征验于外；征验彰著，自会悠远而无穷；悠远无穷，则积为广博深厚；广博深厚，则高大而光明。博厚才能承载万物，高明才能覆盖万物，悠久才能化成万物。博厚可以比地，高明可以比天，悠久才能使万物发展无疆。

厚博配地，高明配天，悠久配无疆之广。如此，不自我显示而自然彰明显著，不动作而自然感人化俗，不必有所施为，而自然有所成就。

天地之道，可以一句话说完，就是：造物者诚一不二，化生万物有难测之妙。天地之道是：广博、深厚、高大、光明、遥远、长久。现在比方说天，不过是光亮一点一点所积累，说到那无穷的天体，悬挂着日月星辰，覆盖着地上的万物。若说地，不过是一把泥土所积累，等到形成博厚的大地，却载着华岳那样的高山而不觉其重，收着河海那么多水而不泄漏，万物都载在上面。再说山，不过是拳大的石块所积累，等到形成广大之后，草木生长在上面，禽兽也栖止在上面，蕴藏的宝物也从中发掘出来。再说水，不过是一勺一勺的水所累积，可是等到大不可测，鼋鼍蛟龙鱼鳖都生长在里面，货物财富也生产出来。

《诗经》上说："上天的道理，是深奥而运转不息的啊！"这就是天之所以成为天的道理吧。又说："这不是很明显吗？文王的德行是如此纯一而彰著。"这就是文王所以尊谥为"文"的道理吧。纯一，也就是强健不息的意思。

【原文】

大哉圣人之道！洋洋乎，发育万物，峻极于天。优优大哉！礼仪三百，威仪三千，待其人而后行。故曰：苟不至德，至道不凝焉。故君子尊德性而道问学，致广大而尽精微，极高明而道中庸，温故而知新，敦厚以崇礼。是故居上不骄，为下不卑。国有道，其言足以兴；国无道，其默足以容。《诗》曰："既明且哲，以保其身。"其此之谓与！

【语译】

圣人的道理，真是伟大！充满于天地之间而发育万物，其崇高可与天相比。其大无所不包啊！包括了大的礼则有三百种之多，小的仪节有三千种之多，等待那有才有德的人出来而后实行。所以说：没有伟大德行的人，无法成就伟大的道理。因此，君子恭敬奉持着所禀赋于天的性理，同时讲求学问而求知，使德行与学问臻于广大精微的境界，虽然到达了高明的地步，而遵从中庸的大道。致知方面，从温习旧学而增进新知；修德方面，敦厚自身的纯一心志，以崇尚礼仪。所以，在上位而不骄傲，处卑贱也不犯上作乱。国家有道时，他的言论可以振兴国家；国家无道时，他的沉默足以见容于乱世。《诗经》上说："既明达而又有智慧，以保全自身。"就是这个意思吧！

【原文】

子曰："愚而好自用，贱而好自专，生乎今之世，反古之道；如此者，灾及其身者也。

“非天子，不议礼，不制度，不考文。今天下，车同轨，书同文，行同伦。虽有其位，苟无其德，不敢作礼乐焉；虽有其德，苟无其位，亦不敢作礼乐焉。”

子曰：“吾说夏礼，杞不足征也；吾学殷礼，有宋存焉；吾学周礼，今用之，吾从周。”

【语译】

孔子说：“笨拙的人偏偏自以为是，卑贱的人偏要任性而为，生在现代，要实行古法，这样的人，一定会自招其祸的。

“不是天子，不可议论礼法的是非，不可以创制法度，不可以校订文字。现今，天下一统，车辙宽度相同，写的文字相同，行为的法礼相同。即使在天子之位，如无圣人之德，也不敢制礼作乐的；即使有圣人之德，而不在天子之位，也是不敢制礼作乐的。”

孔子说：“我喜研究夏代的礼法，可是夏代之后杞国所行的，不足以证明就是正确的夏礼。我学殷代的礼法，如今在宋国尚保存一部分。我也研究过周代的礼法，就是现在通行的，我依从现行的周礼。”

【原文】

王天下有三重焉，其寡过矣乎！上焉者，虽善无征；无征，不信；不信，民弗从。下焉者，虽善不尊；不尊，不信；不信，民弗从。故君子之道，本诸身，征诸庶民，考诸三王而不缪，建诸天地而不悖，质诸鬼神而无疑，百世以俟圣人而不惑。质诸鬼神而无疑，知天也；百世以俟圣人而不惑，知人也。

是故君子动而世为天下道，行而世为天下法，言而世为天下则。远之则有望，近之则不厌。

《诗》曰："在彼无恶，在此无射。庶几夙夜，以永终誉。"君子未有不如此，而早有誉于天下者也。

【语译】

君临天下有前述三件大事。做好这三件事，就不会有多大差错了。在上位的，夏、商两朝礼法虽然很好，但因年代久远，无从考证；既已无从考证，就无法使人相信；不能使人相信，百姓就不会遵从了。在下位的，虽然善于礼法，因为其位不尊，也不能取信于人，百姓也就不会遵从了。所以君临天下的人，必须以自身的德行为根本，再察看人民的信任，查考夏、商、周三代的制度而准确无误，建立于天地之间而不背逆天道，质问鬼神而无疑误，到百世以后圣人出来而无怀疑。质问鬼神而无疑心，知道已合乎天理；到百世以后圣人也不会疑惑，知道已顺乎人情了。因此君临天下者，其举动可以世世为天下的常道，其作为可以世世为天下人的法度，他的话可以世世做天下人的准则。远处的人仰慕他，近处的人不厌恶他。

《诗经》上说：“彼处无人厌恶，此处无人怨恨，他能早晚不懈，永葆美誉。”君子不这样做而能在天下享有美好的名誉，是绝无此理的。

【原文】

仲尼祖述尧舜，宪章文武，上律天时，下袭水土。辟如天地之无不持载，无不覆帱；辟如四时之错行，如日月之代明。万物并育而不相害，道并行而不相悖。小德川流，大德敦化，此天地之所以为大也。

【语译】

孔夫子远绍唐尧虞舜之道，近宗文王武王之法，上顺天时自然运行的法则，下合水土滋生之本性。比如天地的无所不载，无所不覆；比如四季的更迭，日月的交替，万物同时生长而不相妨碍，道理一齐实行而彼此不相抵触。小的德行则协力分工，有如诸细水汇而为川；大的德行则敦厚化育。这足见天地之伟大。

【原文】

唯天下至圣，为能聪明睿智，足以有临也。宽裕温柔，足以有容也；发强刚毅，足以有执也；齐庄中正，足以有敬也；文理密察，足以有别也。

溥博渊泉，而时出之。溥博如天，渊泉如渊。见而民莫不敬，言而民莫不信，行而民莫不说。

是以声名洋溢乎中国，施及蛮貊。舟车所至，人力所通，天之所覆，地之所载，日月所照，霜露所队，凡有血气者，莫不尊亲。故曰配天。

【语译】

只有天下最伟大的圣人，能具有聪明睿智之才，始可以君临万民。宽柔温和，足以包容万物；刚强弘毅，足以坚持固执；庄严而能自省，持中而不偏，足以使人敬重；多才宏通，足以明辨是非。广博无所不包，渊深而富有活力，能应时施行。人见其仪容而无不敬仰，人闻其言论而无不听从。其声名洋溢中国，传及国外。凡舟车所至，人力所到之地，日月所照，霜露所沾之处，人人皆尊敬，人人皆爱戴。所以说其德行足以与天相比拟。

【原文】

唯天下至诚，为能经纶天下之大经，立天下之大本，知天地之化育，夫焉有所倚？肫肫其仁，渊渊其渊，浩浩其天。苟不固聪明圣知达天德者，其孰能知之？

【语译】

唯有天下极至诚的圣人，能定天下之常法，立天下之大德，通晓天地化育万物的真理，此乃至诚之力，难道还别有所依赖而后能吗？其仁心诚恳，其沉静如深渊，其广大如太空。若非聪明智慧有天赋圣德，何人能了解此等深奥道理呢？

【原文】

《诗》曰："衣锦尚絅。"恶其文之著也。故君子之道，暗然而日章；小人之道，的然而日亡。君子之道，淡而不厌，简而文，温而理，知远之近，知风之自，知微之显，可与入德矣。

《诗》云："潜虽伏矣，亦孔之昭。"故君子内省不疚，无恶于志。君子之所不可及者，其唯人之所不见乎！

《诗》云："相在尔室，尚不愧于屋漏。"故君子不动而敬，不言而信。

《诗》曰："奏假无言，时靡有争。"是故君子不赏而民劝，不怒而民威于鈇钺。

《诗》曰："不显惟德，百辟其刑之。"是故君子笃恭而天下平。

《诗》曰："予怀明德，不大声以色。"子曰："声色之于以化民，末也。”

《诗》曰：“德輶如毛。”毛犹有伦。“上天之载，无声无臭。”至矣！

【语译】

《诗经》上说：“穿彩色绸衣，外罩衣褂。”因嫌绸衣的纹彩太鲜明了。君子的为人之道，外表纹彩不露，日久自然渐渐露出来。小人的为人，外表纹彩鲜明，日子久了，就渐渐消亡了。君子做人，看来平淡，并不使人厌恶，看来简素却有文采，看来温和却明辨是非。知远事之近因，知风之来处，因微而知显。明白此等道理，就可进入道德之门了。

《诗经》上说：“躲藏起来，似乎看不见了，其实，还是非常明显。”所以君子，无有过失，无愧于心。君子之令人比不上，正在别人看不见之处啊！

《诗经》上说：“独居室内深处，依然无愧于心。”所以君子不必有行动，人就尊敬他；不必说话，人就信任他。

《诗经》上说：“求神来享，肃然无言。”所以君子不必奖赏，而人民自知相勉向善，不必发怒，而人民畏惧，胜过畏惧刀斧。

《诗经》上说：“彰明德行，诸侯自然效法。”故君子只要笃诚恭敬，天下自然太平。

《诗经》上说："我喜爱你以德化民，而不用厉声厉色。"孔子说："用厉声厉色去感化人，那是最下的办法。"

《诗经》上说："化民之德，轻如羽毛。"可是羽毛虽轻，还是有其大小可比。而《文王篇》所说："上天行四时化育万民，无声无味。"真是至高无上了。

第四章

《大学》

伦理与政治

整个儒家的教育观点，似乎认为教育系为“士”（上等社会之知识分子）而设，以便日后为君主治理国家，或辅佐帝王以济世为政，因此在讨论教育时，始终皆以治国为宗旨。《大学》一书似乎是专为教育王子贵人而作，所以书名称为《大学》，而大学即王子贵人受教育之所。

《大学》原为《礼记》之一章，今列为《四书》之一部。因为列为《四书》中之一部，以前中国学童读《四书》时，皆自《大学》一书开始。《大学》与《中庸》背后的哲学意义，对学童并不重要，自然非七八岁的学童所能了解；然此书必须精读熟记，以备将来之用。关于本书之重要性，宋儒理学家程伊川曾说："《大学》孔氏之遗书，而初学入德之门也。于今可见古人为学次第者，独赖此篇之存，而《论》《孟》次之。学者必由是而学焉，则庶乎其不差矣。"

"大学"一词，理雅格（James Legge）氏英译为 The Great Learning；辜鸿铭译为 The

Higher Education，意为“高等教育”，更为正确。以前中国适于读“大学”的年龄，似乎相当于读美国的“专科学校”（Junior College）。《礼记》一书有一章把古时王子贵族的学制叙述得很明白，即本书中第九章。《礼记》之第八及第十二两章对古时教育制度犹有进一步的说明，本书并未选入。整个儒家的教育观点，似乎认为教育系为“士”（上等社会之知识分子）而设，以便日后为君主治理国家，或辅佐帝王以济世为政，因此在讨论教育时，始终皆以治国为宗旨。《大学》一书似乎是专为教育王子贵人而作，所以书名称为《大学》，而大学即王子贵人受教育之所。“君子”一词在大学中当然甚为通用，照字面看，“君子”者，“君王之子”也，亦即“王子”，后来渐渐为“士绅”（Gentleman）之称。此书内容所论，实际上，是以个人生活的修养（修身）与治国平天下为中心，也可以说以伦理与政治为主旨。

本书曾由宋儒朱熹改编，将一整节文字提到前面，使全文含义更为清楚。原来段落前后错乱，是早年将竹简误排之故，因以前竹简是用皮条穿入竹简洞口而成捆收存的。我认为朱熹的改编令人敬佩，故本书采用朱本。但他似乎不曾注意到原来错乱的缘故，以致在他调动顺序的一部分，转折之处遂显得不够自然，也因而有两行完全相同。那就是“此谓知本”这一句。此句之后，后来又有同样一句“此谓知本”，“此谓知之至也”。朱熹是把第二句“此谓知本”与随后的“此谓知之至也”看做是一段遗失文字的结语，于是他随即擅自代为补上那一段，借此机会把宋儒以冥想为格物致知的道理插入书中一些。也因此完全改变了格物致知的方法与对象，这也引起无尽无休的争辩与臆测。我曾将汉朝郑玄的《大学》原文与朱熹的版本比较，所得到的结论是，错误的由来是那相同的两句“此谓知本”，原来在那段文字里是分开的。但因为秦始皇焚书坑儒之后，那些幸未罹难得以硕果仅存的老儒生，是全凭心中记诵记录下来，因而联系错误，这也自然难免。就犹如现今排字房犯这类错误一样。由郑玄的版本中原有的错误推论起来，根本没有什么“阙文”，只是因文句错乱而起，在句中所讨论的“格物致知”只是限于人性与人心的活动，并未涉及物质界的宇宙。这一层由随后我改编的《大学》正文中即可一目了然。朱熹将全章予以前后调动，我仍保持其原来顺序，未予更动；只是把原来承上启下的那个雷同的句子，改放在我认为适当的所在而已。

【原文】

大学之道，在明明德，在亲民，在止于至善。

知止而后有定，定而后能静，静而后能安，安而后能虑，虑而后能得。物有本末，事有终始，知所先后，则近道矣。

古之欲明明德于天下者，先治其国；欲治其国者，先齐其家；欲齐其家者，先修其身；欲修其身者，先正其心；欲正其心者，先诚其意；欲诚其意者，先致其知；致知在格物。

物格而后知至，知至而后意诚，意诚而后心正，心正而后身修，身修而后家齐，家齐而后国治，国治而后天下平。自天子以至于庶人，壹是皆以修身为本。其本乱而末治者否矣；其所厚者薄，而其所薄者厚，未之有也。此谓知本。

【语译】

高等教育的目标在于保存人高尚的品格，在于赋予人民新的生命，在于止于完美之境。知道止于完美的境界之后，对人生才有固定的宗旨。对人生有了固定的宗旨，才能得到心境的宁静。得到心境的宁静之后，才能安然自处。能安然自处，才能用心思考；能思考才能有所知。物体之组织是由基础及高层所构成，而每件事务之演变上也是有其开始，有其终结的。因此了解事物之正常关联的顺序，乃是智慧之始。

先贤凡是要保存普天下人那清新的品德的，必要先把本国人民的生活纳入正轨。要想把本国人民的生活纳入正轨，必须先把家庭生活整顿好。要想把家庭生活整顿好，就须要先修养个人的生活。要修养个人的生活，必须先把心安放端正。要把自己的心安放端正，必须使自己的本意发乎真诚。要使自己的本意发乎真诚，必须获取真知；而真知在于研究万事万物。将万事万物研究之后，便有了真知；有了真知，其本意便能发乎真诚；本意能发乎真诚，内心便能放得端正；内心放得端正，个人的生活便可有了修养，个人的生活修养好，而后家庭生活才能整顿好；家庭生活整顿好之后，国民的生活才能上轨道；国民生活上了轨道，整个天下才能太平。上自帝王，下至庶民百姓，必须把个人生活的修养看做一切的基本。基本不好，其上层好者，是绝不可能的。树的主干瘦弱，而其上面枝叶茂密者，天下也绝无此事。这就叫做知道根本。

【原文】

《康诰》曰："克明德。"《太甲》曰："顾諟天之明命。"《帝典》曰："克明峻德。"皆自明也。

汤之《盘铭》曰："苟日新，日日新，又日新。"《康诰》曰："作新民。"《诗》云："周虽旧邦，其命维新。"是故君子无所不用其极。

《诗》云："邦畿千里，惟民所止。"《诗》云："缗蛮黄鸟，止于丘隅。"子曰："于止，知其所止。可以人而不如鸟乎？"《诗》云："穆穆文王，于缉熙敬止。"为人君，止于仁；为人臣，止于敬；为人子，止于孝；为人父，止于慈；与国人交，止于信。

《诗》云："瞻彼淇澳，菉竹猗猗。有斐君子，如切如磋，如琢如磨。瑟兮僴兮，赫兮喧兮。有斐君子，终不可喧兮。"如切如磋者，道学也；如琢如磨者，自修也；瑟兮僴兮者，恂慄也；赫兮喧兮者，威仪也；有斐君子，终不可喧兮者，道盛德至善，民之不能忘也。

《诗》云："于戏，前王不忘。"君子贤其贤，而亲其亲；小人乐其乐，而利其利。此以没世不忘也。

【语译】

什么是修养个人的生活？《尚书·康诰》说："唯我文王能使自己的品德清新。"《尚书·太甲》说："唯我先王成汤，常常顾念着上天的明命。"《尚书·尧典》说："唯我帝弟能使自己的崇高品德清新。"这些都是讲古代的帝王是从自明其德行开始的。

成汤的《盘铭》说："如果能够一天新，就应保持天天新，新了还要更新。"《康诰》说："使周人变成新民族。"《诗经·文王》说："周虽然是个旧国家，接受的天命是新的。"所以君子在所有时间都尽自己最大的力量。

什么是达到完美的境界？《诗经·玄鸟》说："王者的都城地方千里，百姓都居住在这里。"《诗经·缗蛮》说："嘤嘤鸣叫的黄鸟，都栖息在树多的小阜上。"孔子说："对于栖息，鸟都知道该栖息在什么地方，难道人可以不如鸟吗？"《诗经·文王》说："穆穆然深远的文王，他的德行总是光明，事事小心恭敬。"文王为人民的君王，保持着仁爱之心；为君王的臣，尽心奉职不敢疏忽；在家里是儿子，侍奉父母一片孝心；当父亲的时候，教诲儿子非常慈爱；与别人交往的时候，言语句句诚实。

《诗经·淇澳》说："看那淇水弯曲之处，青绿色的竹子多么美丽茂盛！我们那文采斐然的君子，学问何等精细，切削过似的，打磨过似的，严密刚强，威严光辉啊！文采斐然的君子，百姓终身不能忘记呀！"这如切如磋，说的是学习的道理；这如琢如磨，说的是自修的道理；瑟兮僩兮，是说战战兢兢，一刻不敢马虎；赫兮喧兮，是说恭敬之心在内，威仪表现于外；有斐君子，终不可喧兮，是说道德完善到了最高境界，百姓终身不能忘记。

《诗经·烈文》说："伟大啊！从前的文王和武王，虽然逝去久远了，后世人永远思念不忘！"后世君王尊敬前代贤明的模范，敬爱他们的亲人；后世人民享受太平的幸福，享受遗留的利益。这就是为什么后世追思不已的缘故。

【原文】

子曰："听讼，吾犹人也。必也使无讼乎？无情者，不得尽其辞，大畏民志。"此谓知本。此谓知之至也。

【语译】

什么是达到真知？孔子说："听断诉讼，我也和别人一样不算难事。我们的目的是要完全没有诉讼。于是那些犯了错误的人就会羞于为自己辩护，人民就怀着敬畏之心。"这就叫做知道事物的根本。这就叫做达到真知。

【原文】

所谓诚其意者，毋自欺也，如恶恶臭，如好好色。此之谓自谦，故君子必慎，其独也。小人闲居为不善，无所不至，见君子而后厌然，掩其不善，而著其善。人之视己，如见其肺肝然，则何益矣！此谓诚于中，形于外，故君子必慎其独也。曾子曰："十目所视，十手所指，其严乎！"富润屋，德润身，心广体胖，故君子必诚其意。

【语译】

所谓使自己的心意诚实，就是不要自己欺骗自己，如同厌恶恶劣像厌恶臭味一样，喜爱善良如同喜爱美人一样。这就叫做满足自己的心意。所以君子必然非常谨慎地对待他自己一个人独处的时候。普通的人在平时无人而独处时做坏事，可以无恶不作；看见诚实的君子就会内心不安，尽量掩饰，假装在做好事。其实别人看他，就像看清他的肝脏和肺脏一样，一目了然，这种欺骗有什么用呢！这就叫做内心是什么样的，表现出来的也会是那样，所以君子必然十分谨慎地对待他一人独处的时候。曾子说："不要说无人看见，十只眼睛看着呢；不要说没人指出，十只手指着呢。多么严格呀！"财富可以使屋子华美，德行可以使人身体充实，心地宽广。

所以君子必然要使自己的心意出于至诚。

【原文】

所谓修身在正其心者，身有所忿懥，则不得其正；有所恐惧，则不得其正；有所好乐，则不得其正；有所忧患，则不得其正。心不在焉，视而不见，听而不闻，食而不知其味。此谓修身在正其心。

【语译】

为什么说修养个人的生活在于把自己的心安放端正呢?心里有愤怒，心就不能安放端正；心里有恐惧，心就不能安放端正；心里受着喜好的牵系，心就不能安放端正；心里有忧患，心就不能安放端正。端正虚静的心已经不在了，就会看事物视而不见，听声音听而不闻，吃东西也不知道它的味道。这就是为什么修养个人的生活在于把心安放端正的原因。

【原文】

所谓齐其家在修其身者，人之其所亲爱而辟焉，之其所贱恶而辟焉，之其所畏敬而辟焉，之其所哀矜而辟焉，之其所敖惰而辟焉。故好而知其恶，恶而知其美者，天下鲜矣！故谚有之曰："人莫知其子之恶，莫知其苗之硕。"此谓身不修，不可以齐其家。

【语译】

为什么说整顿好他的家庭在于修养个人的生活呢？人对于他所亲爱的人会失之于偏颇，对于他所认为低贱厌恶的人会失之于偏颇，对于他所敬畏的人会失之于偏颇，对于他所怜悯的人会失之于偏颇，对于他所姑息或骄纵的人会失之于偏颇。所以说，喜爱的而又知道其中有恶劣之处，讨厌的而又知道其中有美好之处，这样无偏颇的态度天下少见！所以谚语说："人是没有知道自己的儿子的坏处的，是没有知道自己的庄稼茂盛的。"这就是说个人的生活没有修养好，是不可以整顿好他的家庭的。

【原文】

所谓治国必先齐其家者，其家不可教，而能教人者，无之。故君子不出家，而成教于国。孝者所以事君也，弟者所以事长也，慈者所以使众也。《康诰》曰："如保赤子。"心诚求之，虽不中，不远矣。未有学养子而后嫁者也。一家仁，一国兴仁；一家让，一国兴让；一人贪戾，一国作乱。其机如此。此谓一言偾事，一人定国。尧舜帅天下以仁而民从之；桀纣帅天下以暴而民从之；其所令反其所好，而民不从。是故君子有诸己而后求诸人，无诸己而后非诸人。所藏乎身不恕，而能喻诸人者，未之有也。故治国，在齐其家。

《诗》云："桃之夭夭，其叶蓁蓁。之子于归，宜其家人。"宜其家人，而后可以教国人。《诗》云："宜兄宜弟。"宜兄宜弟，而后可以教国人。《诗》云："其仪不忒，正是四国。"其为父子兄弟足法，而后民法之也。此谓治国在齐其家。

【语译】

为什么说治理国家的生活首先在于整顿好自己的家庭呢？他自己的家人都无法教育好，反而能教好别人的，没有这个道理。所以君子不一定走出自己的家庭，他的文化榜样延伸而感化一个国家。孝道是用来侍奉君主的，悌道是用以侍奉兄长的，慈爱是用来治理百姓的。《尚书·康诰》说："就像母亲爱护初生的婴儿一样。"从来没有一个姑娘是先学会养孩子而后嫁人的。如果你的本能是健全的，即使不能完全达到目标，也不会离得太远。一个家庭学会了仁爱，一个国家就会学到仁爱；一个家庭学会了谦让，一个国家就会学到谦让；一个家庭贪婪和狠戾，一个国家就会不守法纪。事物的法则就是如此。这就是所谓"一句话可以破坏一件事，一个人可以使国家安定"。尧舜为天下做出了仁爱的表率，人民就会学习他们；桀纣给天下做出了残酷的样子，人民也会模仿他们。他们的命令如果和他们的行为相反，百姓就不会听从。所以，君子必须先要求自己然后要求别人，自己没有过恶然后才去责备别人的过恶。在他自己的身上不采用推己及人的恕道，反而能影响别人明白宽恕的道理，这样的事情是不会有的。所以治理一个国家的生活在于整顿好自己的家庭。《诗经·桃夭》说："桃花那样的艳丽，桃叶婆娑多美盛！那个女儿嫁到了夫家，一家和睦真安宁。"做到了全家和睦安宁，然后有资格做一国的榜样教导别人。《诗经·蓼萧》说："和睦的家庭敬爱兄长、爱护弟弟。"敬爱兄长、爱护弟弟，然后有资格做一国的榜样教导别人。《诗经·鸤鸠》说："君主的礼仪丝毫不差，就能使一国井然有秩序。"君主的行为足够成为父亲、儿子、哥哥、弟弟的榜样，而后百姓自然会效法他。这就叫做治理一个国家的生活在于整顿好自己的家庭。

【原文】

所谓平天下在治其国者，上老老而民兴孝，上长长而民兴悌，上恤孤而民不倍。是以君子有絜矩之道也。

所恶于上，毋以使下；所恶于下，毋以事上；所恶于前，毋以先后；所恶于后，毋以从前；所恶于右，毋以交于左；所恶于左，毋以交于右。此之谓絜矩之道。

《诗》云："乐只君子，民之父母。"民之所好好之，民之所恶恶之。此之谓民之父母。

《诗》云："节彼南山，维石岩岩。赫赫师尹，民具尔瞻。"有国者不可以不慎，辟则为天下僇矣。

《诗》云:“殷之未丧师,克配上帝。仪监于殷,峻命不易。”道得众,则得国;失众,则失国。

是故君子先慎乎德。有德此有人,有人此有土,有土此有财,有财此有用。德者本也,财者末也。外本内末,争民施夺。是故财聚则民散,财散则民聚。是故言悖而出者,亦悖而入;货悖而入者,亦悖而出。

《康诰》曰:“惟命不于常。”道善则得之,不善则失之矣。《楚书》曰:“楚国无以为宝,惟善以为宝。”舅犯曰:“亡人无以为宝,仁亲以为宝。”

《秦誓》曰:“若有一个臣,断断兮无他技,其心休休焉,其如有容焉。人之有技,若己有之,人之彦圣,其心好之,不啻若自其口出,实能容之,以能保我子孙黎民,尚亦有利哉!人之有技,媢疾以恶之,人之彦圣,而违之俾不通,寔不能容,以不能保我子孙黎民,亦曰殆哉!”唯仁人放流之,迸诸四夷,不与同中国。此谓唯仁人为能爱人,能恶人。见贤而不能举,举而不能先,命也。见不善而不能退,退而不能远,过也。好人之所恶,恶人之所好,是谓拂人之性,灾必逮夫身。是故君子有大道,必忠信以得之,骄泰以失之。

生财有大道,生之者众,食之者寡,为之者疾,用之者舒,则财恒足矣。仁者以财发身,不仁者以身发财。未有上好仁,而下不好义者也;未有好义,其事不终者也;未有府库财，非其财者也。

孟献子曰："畜马乘，不察于鸡豚；伐冰之家，不畜牛羊；百乘之家，不畜聚敛之臣。与其有聚敛之臣，宁有盗臣。"此谓国不以利为利，以义为利也。

长国家而务财用者，必自小人矣，彼为善之。小人之使为国家，灾害并至。虽有善者，亦无如之何矣。此谓国不以利为利，以义为利也。

【语译】

为什么说恢复天下太平在于治理国家的生活呢？当权的人尊敬老人，普通的人也就知道当好儿孙；当权的人敬重长辈，普通的人也就会知道尊重和友爱；当权的人仁爱幼弱和无助的人，普通的人也就不会做出与之相反的事情。这就叫做君子有规范自己的行为的测度的标准。一个人憎恶来自上面的东西，就不要用来对付自己的下面；憎恶来自下面的，就不要用来服侍自己的上面；憎恶来自前面的，就不要放在后面的前面；憎恶来自后面的，就不要放在前面的后面；憎恶来自右面的，就不要用来对付左面；憎恶来自左面的，就不要用来对付右面。这就叫做絜矩之道。

《诗经·南山有台》说："人民悦乐的君主，是百姓的父母。"普通人喜欢的君主就喜欢，普通人憎恶的君主就憎恶。这就叫做人民的父母。

《诗经·节南山》说：“庄严的南山啊，岩石莽莽。威严的师尹，人民瞻仰！”执掌国家的当权者万万不能不小心谨慎；一旦偏颇，就引起天下人的抨击。

《诗经·文王》说：“殷朝还没有丧失人民的时候，能够配对上帝。应该吸取殷朝的教训，保持天命不容易。”这说的是得到人民的，就得到国家；丧失人民的，就会丧失国家。这就是为什么君子首先注重自己的德行。如果他有德行，就会有人民；如果有人民，就会有土地的权力；如果有土地的权力，就会有财富；有财富，就能有用度。德行是根本，财富是结果。如果君主忽视根本，而企求额外的财富，就会导致人民互相争夺和竞争利益。所以君主积累自己的财富，就会失去人民；君主分散个人的财富，就能获得人民。如果一个人言辞狡诈和欺骗，就会得到言辞狡诈和欺骗的回答；如果他的财富是欺骗得来的，也会由欺骗的方法而失去。

《尚书·康诰》说：“天命不是固定不可改变的。”好的君主就能得到天命，不好的君主就会失去天命。《楚书》说：“楚国没有财宝，做好事才是我们楚国的财宝。”逃亡的晋国公子的舅舅狐偃说：“我们逃亡的公子没有财宝，只有对同宗人的感情联系是他的财宝。”

《尚书·秦誓》秦穆公说：“我假若有那么一个大臣，朴实真纯，不假装有别的本领，心性淡然寡欲，豁达大度能包容一切。看见别人有才能，就像他自己有那种才能一般，看见别人英俊聪明，心里喜爱，不但能像从他的口里称赞的一样，而且确实能够容纳贤才，就将是一个能辅佐国家的人，他会保护我的子孙和黎民百姓。假若这个大臣，别人有才能，就妒忌和憎恨他，别人俊美聪明，就设法压抑他使他不能发达，实在不能容纳人，他就不能保护我的子孙和黎民百姓，这样的人对国家是很危险的。”只有仁德的君主才能驱逐那等邪恶的大臣，把他赶到四方夷狄地方，不让他和我们同住在中国。这就是说只有仁德的人才能爱别人，也才能恨别人。看到贤德的人君主不能任用，即使任用又不是尽早任用，就是怠慢或没有尽到君主的责任。看见坏人而不能退黜，退黜了又不能驱逐到远方，就是软弱。喜爱别人厌恶的，厌恶别人喜爱的，就叫做违反人的自然本性，灾难必然落在他的身上。于是我们看到做君主的基本原则：必定是忠实和诚信才能保持他的统治，骄傲而又生活放纵就会失去他的统治。

积累财富有其基本原则，即如果有很多财富的生产者，只有很少的消费者，如果人很快地挣钱，而花费缓慢，那么财富就总会是充足的。仁义的人用他的财富发展其人品，不仁义的人则发展财富用于他个人的消耗。从来不曾有过君主好仁德，而他的目标会失败于好义的臣民；从来不曾有过人民好义，而国家事务不能贯彻完成的；也从来不曾有过这样的国家财富集聚在国库里，君主不能继续占有的。

孟献子说："士人一变成大夫已经保有马匹和车辆，就不再照看鸡和猪了；丧祭用冰的卿大夫之家，就不再养牛和羊了；拥有百辆车子的贵族之家，在他的家里就不应该保有强夺收税的家臣。宁可有一个偷盗他的财货的管家人，也比有一个强夺收税的家臣为好。"这就是说的国家的物质兴旺不在于物质的兴旺，而在于正义的兴旺。

掌握政府的首脑依赖聚敛财富的，是因为任用小人而造成的。他想要做好，但是小人管理着国家，带来了国家的灾难，所有的善意都没有达到目的。这就是说国家的物质兴旺不在于物质的兴旺，而在于正义的兴旺。

第五章

《论语》

孔子的格言

除去书中所见孔子的智慧之外,《论语》之美究竟何在?其美便在孔夫子的人品性格,以及他对同代人各种不同的评论;那美是传记文学的美,是孔夫子的语言之美,是随意漫谈,意在言外,而夫子的这些如珠的妙语却出之以寥寥数语,自富有弦外之音。

《论语》一书，一般认为是儒家至高无上的经典，就犹如西洋基督教的《圣经》一样。其实这部书是未经分别章节、未经编辑的孔子混杂语录。所论涉及诸多方面；但对所论之缘起情况则概不叙明，而上下文之脉络又显然散乱失离。读《论语》，犹如读巴特莱（John Bartlett）之《引用名句集》（*Familiar Quotations*），令读者觉得那些警语名句津津有味，引起无限沉思想象，而对那些才子的文句，不禁讶异探索，窥求其真义之所在。如将《论语》的内容与《礼记》和《孟子》以及其他古籍各章相比，就会发现那些简洁精辟的文句都是从长篇论说文字中节录而来，而所以得存而不废者，正因为深受人们喜爱。比如说，读了《论语》的“吾未见好德如好色者也”，然后再读司马迁《史记·孔子世家》上记载的：

> 居卫月余。灵公与夫人同车，宦者雍渠参乘。出，使孔子为次乘，招摇市过之。孔子曰：“吾未见好德如好色者也。”于是丑之，去卫，过曹。

《论语》文本上并未提到孔子当时说些“吾未见好德如好色者也”的实际情况，只是把这句话作一句抽象的话来说的。另外，《论语》中颇多四五个字的短句，如“君子不器”，意思是说君子不是只有一种长处的技术人才。又如“乡愿者，德之贼也。”关于乡愿，我们幸而在《孟子》一书中找到了“乡愿”一词详细的解说。我想，谁也不会相信孔夫子每次说话只说三四个字就算了事。若说，有人向孔夫子发问，发问者整个的意思，读者若不了解较为充分，孔子所作的回答整个的含义就能充分了解，这也是无法相信的。清人袁枚曾经指出，《论语》这部书是孔子的语录，编纂者把弟子的问题部分尽量缩短了。因此在《论语》中发问都简单得只剩下一个字，如某某问“政”，某某问“仁”，某某问“礼”。于是，虽然是同一问题，因发问之人不同，孔夫子也就以各式各样的话回答。结果，为《论语》作注的学者也会因种种情况而误作注解，此种注解，自然不足以称公允之论。另有如下文：

子谓仲弓曰："犁牛之子，骍且角，虽欲勿用，山川其舍诸？"

注释《论语》的人解作"仲弓之贤，自当见用于世"。但袁枚则认为此系孔子与弟子凭窗外望，见牛犊行过，偶有所感而发，并非指仲弓而言。

那么，除去书中所见孔子的智慧之外，《论语》之美究竟何在？其美便在孔夫子的人品性格，以及他对同代人各种不同的评论；那美是传记文学的美，是孔夫子的语言之美，是随意漫谈，意在言外，而夫子的这些如珠的妙语却出之以寥寥数语，自富有弦外之音。《论语》之美正如英国十八世纪鲍斯韦尔（James Boswell）所写的《约翰逊传》（*Life of Samuel Johnson*）一书之美妙动人一样。而与孔夫子在一起的那批人物，他的弟子，他的朋友，也是与约翰逊周围那些人物一样富有动人之美。我们随时都可以翻开《论语》这部书，随便哪一页都会流露出智者的人品之美，纵然有时极其粗暴，但同时又和蔼可亲。这就是《论语》这部书对中国人所显示的魔力。至于武断偏执也自有其动人的力量，孔夫子与约翰逊的武断偏执之论，永远有动人的力量，因为这两位先哲把自己的见解都表现得那么断然无疑，那么坚定有力，其势堪称咄咄逼人。

《论语》这部书整个的特色只是阐释说明，并没有把孔子的思想系统作一个完备周全的叙述，孔子学说之真面目则端赖读者去深思明辨了。

孔夫子周围的人物，我们也可以借着《论语》这部书，得以略窥一斑。有时孔夫子与二三得意门生欢乐相处，夫子欣然，就单凭文中的只言片语，我们可以稍得一些暗示。与孔夫子的话混在一起的，有些是孔门几位大弟子如曾子、子夏、有子、子张等人的话。这是因为《论语》内那些章文字的来源不同，有若干章根本是孔门弟子的弟子所记载的。比如颜回，为孔门弟子之长，沉静而富有深思，孔子对他亦极爱慕，每每对他赞不绝口。另一方面，又有子路，等于耶稣的大弟子彼得，他时常对夫子大人的行为质疑问难，不稍宽容。在《论语》一书中，提到子路时，往往缺少恭维之辞，那是因为在《论语》这部书记录成文之时，子路已经去世，没有门徒替他辩护的缘故。还有能言善辩，但有些絮聒的子贡，还有比他们年纪颇轻但却恬静明达的曾子（将来弘扬孔教最为重要的就是他），还有文学气质最重的子夏，最为实际的政客冉求（最后孔子把他逐出了师门）。孔子的门墙之内广阔得无所不包，各式各样的学生都有，据说，每个弟子在学问上之所得，都只是孔子的一部分。后来，曾子、子思、孟子这个传统，发展成为儒家道统理想哲学的一面。而子夏、荀子的儒学则顺着史学及学术的路线发展下去。正像基督教中圣约翰发展了耶稣教义的理想一面，当然其中也加上了圣约翰本人的一部分思想。所以，我们在《中庸》一书中可以看得出来，曾子把《中庸》里的哲学，人道精神，并中和诸重要性，予以发展引申了。一言以蔽之，我们可以把子思与孟子比做耶稣的门徒圣约翰，把子夏与荀子比做圣雅各（St. James）。

《论语》文本是属于零星断片而飞跳飘忽的风格，阅读时自然需要读者的凝神苦思。懒惰的读者往往需要作者谈论个没完没了，自己只采取消极的态度，若是那样来读《论语》，便得不到益处了。读《论语》时，读者必须全神贯注，文句中包含的真理必须要凭读者自己的悟力才会彻底了解。读者必须要凭自己的经验去印证，才能有所得。在古代那种教育制度之下，当然并不立即要学童了解世界上这种思想极为成熟的哲学。当年之所求，不过要学生精读，以便牢记在心永不忘记，是留到若干年后作为智慧的泉源而已。不过，儒家对这部书，仍然教人以适当的研读之法。宋儒就论到读《论语》的方法。程伊川就曾说，要把《论语》中的发问者的问题，当做你自己的问题，把孔子的答话当做对你而发，如此，必得到实在的益处。朱熹也曾说，先读《论语》，每日读一两段。不管难懂与否，也不管深奥不深奥。只将一段文字从开头读，若是读而不了解其含义，就思索一下，若思索之后仍然不能了解，就再读。反复阅读探索其滋味，长久之后，便了解其中的含义了。朱熹在给朋友的书信里曾说，在读书时，千万留心不要贪多，读少一点儿，便容易彻底了解。读书能悟到真义，都离不开这种方法。在他著的《语类》中也这样说，明白原文的字面是一件事，体会其意义又是一件事。一般读者最大的弱点就是只了解字表面，而未能把握住书中真正的好处。他又说，读书的正当办法是要费苦心思索。最初，你会觉得如此了解，是要大费思索与精力，但是等你一般的理解力够强大之后，再看完一本书，就轻而易举了。最初，一本书需要一百分精力去读，后来，只需八十、九十分精力就够了，再后只需六十或七十分就够了，最后，以四十、五十分的精力也就够了。把阅读与思索，在求知识的进程上看做相辅相成的两件事，这是儒家基本的教育方法。关于这两种方法，孔子本人也提到过，在《论语》上也有记载。

中国学者从未有人把《论语》再作一番校正工夫，或予以改编，以便使读者对《论语》的含义获致更精确的了解，这一点确实出人意料。当然有一些学人写过文章，论及《论语》书中若干不同的见解，如清人焦循著的《〈论语〉通释》，戴东原著的《〈孟子〉字义疏证》。但是除去西方学者外，没有中国学者编过一本孔子对“君子”一词的诸种解释。这个极为重要的描述“君子”的诸要素，会构成一个综合性的面貌。本章内选了《论语》文字约四分之一，而根据思想性质予以重编。如不特予注明，皆系《论语》原文。遇必要之处，如将“仁”字解释得更为清楚，我即从《礼记》上若干章内选出约十数节，以为补充。《礼记》中第三十二及三十三章，与《论语》的内容及风格相差不少，记载孔子的话特别丰富，当然对本书极为有用。

（一）夫子自述 · 旁人描写

叶公问孔子于子路，子路不对。子曰："汝奚不曰：'其为人也，发愤忘食，乐以忘忧，不知老之将至云尔？'"

子路宿于石门。晨门曰："奚自？"子路曰："自孔氏。"曰："是知其不可而为之者欤？"

微生亩谓孔子曰："丘何为是栖栖者欤？无乃为佞乎？"孔子曰："非敢为佞也，疾固也。"

颜渊季路侍，子曰："盍各言尔志？"子路曰："愿车马衣裘，与朋友共，敝之而无憾。"颜渊曰："愿无伐善，无施劳。"子路曰："愿闻子之志。"子曰："老者安之，朋友信之，少者怀之。"

子曰："吾十有五而志于学，三十而立，四十而不惑，五十而知天命，六十而耳顺，七十而从心所欲，不逾矩。"

逸民伯夷、叔齐、虞仲、夷逸、朱张、柳下惠、少连。子曰："不降其志，不辱其身，伯夷、叔齐欤？"谓柳下惠、少连，"降志辱身矣。言中伦，行中虑，其斯而已矣"。谓虞仲夷逸，“隐居放言，身中清，废中权”。“我则异于是，无可无不可。”

大宰问于子贡曰：“夫子圣者欤？何其多能也？”子贡曰：“固天纵之将圣，又多能也。”子闻之曰：“大宰知我乎？吾少也贱，故多能鄙事。君子多乎哉？不多也！”牢曰：“子云：‘吾不试，故艺。’”

子曰：“饭疏食饮水，曲肱而枕之，乐亦在其中矣。不义而富且贵，于我如浮云。”

子曰：“君子道者三，我无能焉：仁者不忧，智者不惑，勇者不惧。”子贡曰：“夫子自道也。”

子曰：“文，莫吾犹人也。躬行君子，则吾未之有得。”

子曰：“若圣与仁，则吾岂敢？抑为之不厌，诲人不倦，则可谓云尔已矣。”

子曰：“十室之邑，必有忠信如丘者焉。不如丘之好学也。”

子曰：“吾有知乎哉！无知也。有鄙夫问于我，空空如也；我叩其两端而竭焉。”

子曰：“述而不作，信而好古，窃比于我老彭。”

子曰：“默而识之，学而不厌，诲人不倦，何有于我哉？”

子曰：“德之不修，学之不讲，闻义不能徙，不善不能改，是吾忧也。”

子曰：“我非生而知之者。好古，敏以求之者也。”

子曰："赐也，汝以予为多学而识之者欤？"对曰："然。非欤？"曰："非也。予一以贯之。"

子曰："盖有不知而作之者，我无是也。多闻，择其善者而从之，多见而识之，知之次也。"

子曰："吾尝终日不食，终夜不寝，以思，无益，不如学也。"

子曰："三人行，必有我师焉。择其善者而从之，其不善者而改之。"

子曰："不愤不启，不悱不发，举一隅不以三隅反者，则不复也。'"

子曰："自行束脩以上，吾未尝无诲焉。"

互乡难与言。童子见，门人惑。子曰："与其进也，不与其退也。唯何甚？人洁己以进，与其洁也，不保其往也。"

子畏于匡。曰："文王既没，文不在兹乎？天之将丧斯文也，后死者不得与于斯文也，天之未丧斯文也，匡人其如予何？"

子曰："天生德于予，桓魋其如予何！"

子曰："加我数年，五十以学易，可以无大过矣。"

子不语怪力乱神。

子罕言利，与命，与仁。

子以四教：文、行、忠、信。

子钓而不纲，弋不射宿。

子绝四：毋意、毋必、毋固、毋我。

子温而厉，威而不猛，恭而安。

颜渊喟然叹曰：“仰之弥高，钻之弥坚，瞻之在前，忽焉在后。夫子循循然善诱人，博我以文，约我以礼。欲罢不能，既竭吾才，如有所立卓尔，虽欲从之，末由也已。”

叔孙武叔语大夫于朝曰：“子贡贤于仲尼。”子服景伯以告子贡。子贡曰：“譬之宫墙，赐之墙也，及肩，窥见室家之好。夫子之墙，数仞，不得其门而入，不见宗庙之美，百官之富。得其门者，或寡矣。夫子之云，不亦宜乎？”

叔孙武叔毁仲尼。子贡曰：“无以为也。仲尼不可毁也。他人之贤者，丘陵也，犹可逾也。仲尼，日月也，无得而逾焉。人虽欲自绝，其何伤于日月乎？多见其不知量也。”

（二）孔子的感情与艺术生活

颜渊死，子哭之恸。从者曰：“子恸矣。”曰：“有恸乎？非夫人之为恸而谁为？”

子食于有丧者之侧，未尝饱也。子于是日哭，则不歌。

子之所慎，斋、战、疾。

或问禘之说，子曰：“不知也。知其说者，之于天下也，其如示诸斯乎？”指其掌。

祭如在，祭神如神在。子曰：“吾不与祭，如不祭。”

王孙贾问曰：“与其媚于奥，宁媚于灶，何谓也？”子曰：“不然，获罪于天，无所祷也。”

子贡欲去告朔之饩羊。子曰：“赐也，尔爱其羊，我爱其礼。”

子曰：“敬鬼神而远之。”

子曰：“甚矣！吾衰也。久矣，吾不复梦见周公。”

子在齐闻韶，三月不知肉味。曰：“不图为乐之至于斯也。”

子曰：“兴于诗，立于礼，成于乐。”

子曰：“吾自卫返鲁，然后乐正，雅颂各得其所。”

颜渊问为邦。子曰：“行夏之时，乘殷之辂，服周之冕，乐则《韶》舞。放郑声，远佞人；郑声淫，佞人殆。”

子曰：“由之瑟，奚为于丘之门？”门人不敬子路。子曰：“由也，升堂矣，未入于室也。”

君子不以绀緅饰，红紫不以为亵服。当暑袗絺绤，必表而出之。缁衣羔裘，素衣麑裘，黄衣狐裘。亵裘长，短右袂。必有寝衣，长一身有半。狐貉之厚以居。去丧，无所不佩。

食不厌精，脍不厌细。食饐而餲。鱼馁而肉败，不食。色恶不食，臭恶不食，失饪不食，不时不食。割不正不食，不得其酱不食。肉虽多，不使胜食气。唯酒无量，不及乱。沽酒市脯不食。不撤姜食，不多食。

迅雷、风烈，必变。

（三）谈话的风格

子路、曾皙、冉有、公西华侍坐。子曰："以吾一日长乎尔，毋吾以也。居则曰：'不吾知也。'如或知尔，则何以哉？"子路率尔而对曰："千乘之国，摄乎大国之间，加之以师旅，因之以饥馑，由也为之，比及三年，可使有勇，且知方也。"夫子哂之。"求，尔何如？"对曰："方六七十，如五六十，求也为之，比及三年，可使足民。如其礼乐，以俟君子。""赤，尔何如？"对曰："非曰能之，愿学焉。宗庙之事，如会同，端章甫，愿为小相焉。""点，尔何如？"鼓瑟希，铿尔，舍瑟而作。对曰："异乎三子者之撰。"子曰："何伤乎？亦各言其志也。"曰："暮春者，春服既成，冠者五六人，童子六七人，浴乎沂，风乎舞雩，咏而归。"夫子喟然叹曰："吾与点也。"

子曰："二三子，以我为隐乎？吾无隐乎尔。吾无行而不与二三子者，是丘也。"

子之武城，闻弦歌之声。夫子莞尔而笑曰："割鸡焉用牛刀？"子游对曰："昔者偃也，闻诸夫子曰：'君子学道则爱人，小人学道易使也。'"子曰："二三子，偃之言是也，前言戏之耳。"

达巷党人曰："大哉孔子！博学而无所成名。"子闻之，谓门弟子曰："吾何执？执御乎？执射乎？吾执御矣。"

陈司败问昭公知礼乎。孔子曰："知礼。"孔子退，揖巫马期而进之曰："吾闻君子不党，君子亦党乎？君取于吴为同姓，谓之吴孟子。君而知礼，孰不知礼？"巫马期以告。子曰："丘也幸，苟有过，人必知之。"

子贡曰："有美玉于斯，韫椟而藏诸？求善价而沽诸？"子曰："沽之哉！沽之哉！我待贾者也。"

或问子产，子曰："惠人也。"问子西，曰："彼哉！彼哉！"问管仲，曰："人也。夺伯氏骈邑三百，饭疏食，没齿无怨言。"

子问公叔文子于公明贾曰："信乎？夫子不言不笑，不取乎？"公明贾对曰："以告者过也。夫子时然后言，人不厌其言。乐然后笑，人不厌其笑。义然后取，人不厌其取。"子曰："其然？岂其然乎？"

子贡方人。子曰："赐也贤乎哉！夫我则不暇。"

子曰："饱食终日，无所用心，难矣哉！不有博弈者乎？为之，犹贤乎已。"

子曰："群居终日，言不及义，好行小慧，难矣哉！"

子曰："予欲无言。"子贡曰："子如不言，小子何述焉？"子曰："天何言哉？四时行焉，百物生焉，天何言哉？"

子曰："吾与回言终日，不违，如愚。退而省其私，亦足以发。回也不愚。"

（四）霸气

子曰："观过知仁。"

子贡问曰："何如斯可谓之士矣？"子曰："行己有耻，使于四方，不辱君命，可谓士矣。"曰："敢问其次？"曰："宗族称孝焉，乡党称弟焉。"曰："敢问其次？"曰："言必信，行必果，硁硁然，小人哉！抑亦可以为次矣。"曰："今之从政者何如？"子曰："噫！斗筲之人，何足算也。"

子疾病，子路使门人为臣。病间曰："久矣哉！由之行诈也。无臣而为有臣，吾谁欺？欺天乎？"

子见南子，子路不说。夫子矢之，曰："予所否者，天厌之！天厌之！"

宰予昼寝。子曰："朽木不可雕也，粪土之墙不可圬也。于予与何诛？"子曰："始吾于人也，听其言而信其行。今吾于人也，听其言而观其行。于予与改是。"

哀公问社于宰我。宰我对曰："夏后氏以松，殷人以柏，周人以栗。"曰使民战栗。子闻之曰："成事不说，遂事不谏，既往不咎。"

孺悲欲见孔子，孔子辞以疾。将命者出户，取瑟而歌，使之闻之。

阳货欲见孔子，孔子不见，归孔子豚。孔子时其亡也，而往拜之。遇诸途。谓孔子曰："来，予与尔言。"曰："怀其宝而迷其邦，可谓仁乎？"曰："不可。""好从事，而亟失时，可谓智乎？"曰："不可。""日月逝矣，时不我与。"孔子曰："诺。吾将仕矣。"

陈成子弑简公。孔子沐浴而朝，告于哀公曰："陈恒弑其君，请讨之。"公曰："告夫三子。"孔子曰："以吾从大夫之后，不敢不告也。君曰：'告夫三子'者。"之三子告，不可。孔子曰："以吾从大夫之后，不敢不告也。"

原壤夷俟，子曰："幼而不孙弟，长而无述焉，老而不死，是为贼。"以杖叩其胫。

季康子患盗，问于孔子。孔子对曰："苟子之不欲，虽赏之不窃。"

季氏富于周公，而求也为之聚敛而附益之。子曰："非吾徒也，小子鸣鼓而攻之可也。"

季氏将伐颛臾。冉有、季路见于孔子，曰："季氏将有事于颛臾。"孔子曰："求，无乃尔是过欤？夫颛臾，昔者先王以为东蒙主，且在邦域之中矣，是社稷之臣也。何以伐为？"冉有曰："夫子欲之，吾贰臣者。皆不欲也。"孔子曰："求，周任有言曰：'陈力就列，不能者止。'危而不持，颠而不扶，则将焉用彼相矣。且尔言过矣。虎兕出于柙，龟玉毁于椟中，是谁之过欤？"冉有曰："夫颛臾，固而近于费，今不取，后世必为子孙忧。”孔子曰：“求，君子疾夫舍曰欲之，而必为之辞。丘也闻有国有家者，不患寡，而患不均，不患贫，而患不安。盖均无贫，和无寡，安无倾。夫如是，故远人不服，则修文德以来之；既来之，则安之。今由与求也，相夫子，远人不服，而不能来也，邦分崩离析，而不能守也。而谋动干戈于邦内，吾恐季孙氏之忧，不在颛臾，而在萧墙之内也。”

（五）急智与智慧

子曰：“知之为知之，不知为不知，是知也。”

子曰：“不曰‘如之何？如之何？’者，吾末如之何也已矣。”

子曰：“过而不改，是谓过矣。”

子曰：“觚，不觚——觚哉！觚哉！”

季文子三思而后行，子闻之曰：“再，斯可矣。”

子曰：“圣人吾不得而见之矣。得见君子者，斯可矣。”

子曰：“有德者必有言，有言者不必有德。仁者必有勇，勇者不必有仁。”

子曰：“君子耻其言而过其行。”

子曰：“知之者不如好之者，好之者不如乐之者。”

子曰：“可与言而不与之言，失人；不可与言而与之言，失言。知者不失人，亦不失言。”

子曰："君子不以言举人，不以人废言。"

子贡问曰："乡人皆好之，何如？"子曰："未可也。""乡人皆恶之，何如？"子曰："未可也。不如乡人之善者好之，其不善者恶之。"

子曰："民之于仁也，甚于水火。水火吾见蹈而死者矣，未见蹈仁而死者也。"

子曰："贫而无怨难，富而无骄易。"

子曰："邦有道，贫且贱焉，耻也；邦无道，富且贵焉，耻也。"

子曰："鄙夫，可与事君也欤哉！其未得之也，患得之；既得之，患失之。苟患失之，无所不至矣。"

子曰："不患人之不己知，患己无能也。"

子曰："君子求诸己，小人求诸人。"

子曰："躬自厚而薄责于人，则远怨矣。"

子曰："人无远虑，必有近忧。"

子曰："巧言乱德，小不忍，则乱大谋。"

子曰："骥，不称其力，称其德也。"

子贡曰："以德报怨，何如？"子曰："何以报德？以直报怨，以德报德。"

子曰："以德报德，则民有所劝。以怨报怨，则民有所惩。"（《礼记》第三十二）

子曰："以德报怨，则宽身之仁也。以怨报德，则刑戮之民也。"（同前）

子曰："性相近也，习相远也。"

子曰："唯上知与下愚不移。"

子曰："苗而不秀者，有矣夫。秀而不实者，有矣夫。"

子曰："如有周公之才之美，使骄且吝，其余不足观也已。"

子曰："君子不重则不威，学则不固。主忠信，无友不如己者。过，则勿惮改。"

子曰："见贤思齐焉，见不贤而内自省焉。"

子曰："已矣乎！吾未见能见其过，而内自讼者也。"

子贡曰："贫而无谄，富而无骄，何如？"子曰："可也。未若贫而乐，富而好礼者也。"

子曰："三军可夺帅也，匹夫不可夺志也。"

（六）人道精神与仁

子曰："人能弘道，非道弘人。"

子曰："道不远人，远人非道也。"

季路问事鬼神。子曰："未能事人，焉能事鬼？"曰："敢问死。"曰："未知生，焉知死？"

厩焚。子退朝，曰："伤人乎？"不问马。

（七）以人度人

子曰："无欲而好仁者，无畏而恶不仁者，天下一人而已矣。是故君子议道自己，而置法以民。"（《礼记》第三十二）

子曰："仁之为器重，其为道远，举者莫能胜也，行者莫能致也。取数多者，仁也。夫勉于仁者，不亦难乎？是故君子以义度人，则难为人；以人望人，则贤者可知已矣。"（同前）

子曰："中心安仁者，天下一人而已矣。"（人同此心）（同前）

子贡曰："如有博施于民而能济众，何如？可谓仁乎？"子曰："何事于仁？必也圣乎，尧舜其犹病诸。夫仁者，己欲立而立人，己欲达而达人。能近取譬，可谓仁之方也已。"

子曰："仁远乎哉？我欲仁，斯仁至矣。"

恕　道

仲弓问仁。子曰："出门如见大宾，使民如承大祭。己所不欲，勿施于人。在邦无怨，在家无怨。"

子贡曰："我不欲人之加诸我也，吾亦欲无加诸人。"子曰："赐也，非尔所及也。"

子曰："参乎，吾道一以贯之。"曾子曰："唯。"子出，门人问曰："何谓也？"曾子曰："夫子之道，忠恕而已矣。"

子贡问曰："有一言，而可以终身行之者乎？"子曰："其恕乎？己所不欲，勿施于人。"

论"仁"

子曰："仁之难成久矣。人人失其所好，故仁者之过易辞也。"(《礼记》第三十二)

子曰："仁之难成久矣。惟君子能之。是故君子不以其所能者病人，不以人之所不能者愧人。"(同前)

子曰："中庸之为德也，其至矣乎，民鲜久矣。"

颜渊问仁。子曰："克己复礼为仁。一日克己复礼，天下归仁焉。为仁由己，而由人乎哉！"

子曰："恭近礼，俭近仁，信近情。敬让以行此，虽有过，其不甚矣。夫恭寡过，情可信，俭易容也。以此失之者，不亦鲜乎？"(《礼记》第三十二)

子曰："回也，其心三月不违仁。其余，则日月至焉而已矣。"

子张问曰："令尹子文，三仕为令尹，无喜色，三已之，无愠色。旧令尹之政，必以告新令尹，何如？"子曰："忠矣。"曰："仁矣乎？"曰："未知，焉得仁？"

或曰："雍也，仁而不佞。"子曰："焉用佞？御人以口给，屡憎于人，不知其仁。焉用佞？"

孟武伯问子路仁乎。子曰："不知也。"又问。子曰："由也，千乘之国，可使治其赋也。不知其仁也。”“求也何如？”子曰：“求也，千室之邑，百乘之家，可使为之宰也。不知其仁也。”“赤也何如？”子曰：“赤也，束带立于朝，可使与宾客言也。不知其仁也。”

仁又释

子曰：“不仁者，不可以久处约，不可以长处乐。仁者安仁，知者利仁。”

子曰：“唯仁者能好人，能恶人。”

子曰：“君子去仁，恶乎成名？君子无终食之间违仁。造次必于是，颠沛必于是。”

子曰：“人而不仁，如礼何？人而不仁，如乐何？”

子曰：“知者不惑，仁者不忧，勇者不惧。”

子曰：“仁者其言也讱。”曰：“其言也讱，斯谓之仁已乎？”子曰：“为之难，言之得无讱乎？”

君子与小人

子曰：“君子喻于义，小人喻于利。”

子曰：“君子怀德，小人怀土。君子怀刑，小人怀惠。”

子曰：“君子周而不比，小人比而不周。”

子曰：“君子矜而不争，群而不党。”

子曰:“君子求诸己，小人求诸人。”

子曰:“君子易事而难说也;说之不以道，不说也。及其使人也，器之。小人难事而易说也;说之虽不以道，说也。及其使人也，求备焉。”

子曰:“君子不可小知，而可大受也。小人不可大受，而可小知也。”

子曰:“君子不器。”

子曰:“君子和而不同，小人同而不和。”

(孔子)在陈绝粮。从者病，莫能兴。子路愠见。曰:“君子亦有穷乎?”子曰:“君子固穷。小人穷斯滥矣。”

子曰:“君子谋道不谋食。耕也，馁在其中矣。学也，禄在其中矣。君子忧道不忧贫。”

子曰:“君子坦荡荡，小人长戚戚。”

子曰:“君子上达，小人下达。”

子曰:“君子泰而不骄，小人骄而不泰。”

司马牛问君子。子曰:“君子不忧不惧。”曰:“不忧不惧，斯谓之君子已乎?”曰:“内省不疚，夫何忧何惧?”

子曰:“君子食无求饱，居无求安，敏于事而慎于言，就有道而正焉，可谓好学也已矣。”

子曰:“士志于道，而耻恶衣恶食者，未足与议也。”

子曰:“士而怀居，不足以为士矣。”

子曰："事君三违而不出竟，则利禄也。人虽曰不要，吾弗信也。"（《礼记》第三十二）

子曰："君子耻其言而过其行。"

孔子曰："君子有三戒。少之时，血气未定，戒之在色；及其壮也，血气方刚，戒之在斗；及其老也，血气既衰，戒之在得。"

（八）中庸为理想

夫子之所厌恶

子曰："不得中行而与之，必也狂狷乎？狂者进取，狷者有所不为也。"

子曰："乡愿，德之贼也。"

子在陈。曰："归欤！归欤！吾党之小子狂简，斐然成章，不知所以裁之。"

子贡问师与商也孰贤。子曰："师也过，商也不及。"曰："然则师愈欤？"子曰："过犹不及。"

子谓子夏曰："汝为君子儒，无为小人儒。"

子曰："质胜文则野，文胜质则史。文质彬彬，然后君子。"

子曰："先进于礼乐，野人也。后进于礼乐，君子也。如用之，则吾从先进。"

子曰："古者，民有三疾。今也，或是之无也。古之狂也，肆；今之狂也，荡。古之矜也，廉；今之矜也，忿戾。古之愚也，直；今之愚也，诈而已矣。"

子贡曰："君子亦有恶乎？"子曰："有恶。恶称人之恶者，恶居下流而讪上者，恶勇而无礼者，恶果敢而窒者。"曰："赐也，亦有恶乎？""恶徼以为知者，恶不孙以为勇者，恶讦以为直者。"

子曰："狂而不直，侗而不愿，悾悾而不信，吾不知之矣。"

孔子曰："恶似而非者。恶莠，恐其乱苗也。恶佞，恐其乱义也。恶利口，恐其乱信也。恶郑声，恐其乱乐也。恶紫，恐其乱朱也。恶乡愿，恐其乱德也。"（《孟子·尽心下》）

子曰："色厉而内荏，譬诸小人，其犹穿窬之盗也欤？"

子曰："唯女子与小人为难养也。近之不孙，远之则怨。"

子曰："巧言令色，鲜矣仁。"

子曰："君子不以辞尽人。故天下有道，则行有枝叶。天下无道，则辞有枝叶。"（《礼记》第三十二）

（九）论为政

为政之理想

子曰："道之以政，齐之以刑，民免而无耻。道之以德，齐之以礼，有耻且格。”

子曰：“听讼吾犹人也。必也，使无讼乎。”

或谓孔子曰：“子奚不为政？”子曰：“《书》云孝子惟孝，友于兄弟，施于有政。是亦为政，奚其为为政？”

有子曰：“其为人也孝悌，而好犯上者鲜矣。不好犯上而好作乱者，未之有也。”

以德行为政

子曰：“为政以德，譬如北辰，居其所而众星拱之。”

季康子问政于孔子，曰：“如杀无道以就有道，何如？”孔子对曰：“子为政，焉用杀？子欲善，而民善矣。君子之德风也，小人之德草也，草上之风必偃。”

季康子问政于孔子。孔子对曰：“政者，正也。子帅以正，孰敢不正？”

子曰：“其身正，不令而行。其身不正，虽令不从。”

子曰：“苟正其身矣，于从政乎何有？不能正其身，如正人何？”

为政要素

子贡问政。子曰：“足食，足兵，民信之矣。”子贡曰：“必不得已而去，于斯三者何先？”曰：“去兵。”子贡曰：

“必不得已而去，于斯二者何先？”曰：“去食。自古皆有死，民无信不立。”

（十）论教育、礼与诗

子曰：“兴于诗，立于礼，成于乐。”

子曰：“君子博学于文，约之以礼，亦可以弗畔矣夫。”

有子曰：“礼之用，和为贵，先王之道，斯为美。小大由之。有所不行，知和而和，不以礼节之，亦不可行也。”

子曰：“礼云，礼云，玉帛云乎哉！乐云，乐云，钟鼓云乎哉！”

子夏问曰：“‘巧笑倩兮，美目盼兮，素以为绚兮’，何谓也？”子曰：“绘事后素。”曰：“礼后乎？”子曰：“起予者，商也。始可与言诗已矣。”

林放问礼之本。子曰：“大哉问！礼与其奢也，宁俭。丧，与其易也，宁戚。”

子曰：“知及之，仁不能守之，虽得之，必失之。知及之，仁能守之，不庄以莅之，则民不敬。知及之，仁能守之，庄以莅之，动之不以礼，未善也。”

子曰：“诗三百，一言以蔽之，曰：思无邪。”

陈亢问于伯鱼曰：“子亦有异闻乎？”对曰：“未也。尝独立，鲤趋而过庭，曰：‘学诗乎？’对曰：‘未也。’曰：‘不学诗，无以言。’鲤退而学诗。他日。又独立，鲤趋而过庭。曰：‘学礼乎？’对曰：‘未也。’曰：‘不学礼，无以立。’鲤退而学礼。闻斯二者。”陈亢退而喜曰：“问一得三。闻诗，闻礼，又闻君子之远其子也。”

子曰：“学而不思则罔，思而不学则殆。”

子曰：“学而时习之，不亦说乎？”

子曰：“温故而知新，可以为师矣。”

子曰：“记问之学，不足以为人师。”（《礼记》第十八）

子曰：“古之学者为己，今之学者为人。”

子曰：“由也，汝闻六言六蔽矣乎？”对曰：“未也。”“居，吾语汝。好仁不好学，其蔽也愚。好知不好学，其蔽也荡。好信不好学，其蔽也贼。好直不好学，其蔽也绞。好勇不好学，其蔽也乱。好刚不好学，其蔽也狂。”

孔子曰：“生而知之者，上也。学而知之者，次也。困而学之，又其次也。困而不学，民斯为下矣。”

子曰：“弟子入则孝，出则悌，谨而信，泛爱众，而亲仁，行有余力，则以学文。”

第六章

儒家社会秩序三论（一）

《礼记·经解》第二十六

礼实际上包括了中国古代社会上整个道德宗教的组织，而具体见之于宗教性崇拜、祭祀婚丧等庆典的仪式，以及一般的社会交往的礼俗，由历史上的记载即可见出，并且以孔子的哲理为基础。

以下包含三篇论说，为《礼记》中之第二十六《经解》，第二十七《哀公问》，第九《礼运》。此数篇文字精练，但文章中有数处很难判定是孔子本人的话，还是写定此数章的作者所说的话。实际上，此三篇皆论礼在哲学上之重要。关于礼字，在本书前之导言中已稍作解释，在此三篇内又再三将礼字看做是为政的要件，为政的基本，绝不可只看做遵守仪礼之意，而是代表社会秩序与社会法规的哲理。礼实际上包括了中国古代社会上整个道德宗教的组织，而具体见之于宗教性崇拜、祭祀婚丧等庆典的仪式，以及一般的社会交往的礼俗，由历史上的记载即可见出，并且以孔子的哲理为基础。礼教目的在于恢复古代的封建制度，使尊卑阶级制度显而易见，不过这种组织的原理又推展到家庭、社会、政治的基本关系上去。因此，礼之目的，是将社会地位与明确的义务，予以清楚而简明的解释之后，使之构成一套完整的道德秩序，以为国家的政治秩序之道德基础。这种和谐的人际关系的哲理，对中国仍然有其益处——因为它仍然是中国社会风气的基石；当然，孔子志在恢复的古代的封建制度，则是不合时宜了。

不过，必须说明的是，就孔子所说的封建制度，分明是具有宗教性质，非常讲究其哲学的意义，祭祀上的规矩及其他礼节仪式。《礼记》上若干章全部讨论礼服式样，描写祭器，有七八章单讨论丧礼（此数章在《大戴礼记》中缺）。但是耐人寻味的是，礼的观念在论宗教崇拜仪式之余，却不知不觉延伸至农村中的舞蹈、打猎、宴饮、射箭，及一般的社交应酬。由此显而易见礼之含义包括了社会秩序、社会规范、典礼仪式的社会传统。孔子曾提醒弟子子张，他说礼并不在使用那些祭器，正如音乐并不在打钟打鼓而已；礼乐来自一种心境，而且创造一种心境，是在举行此仪礼时内心的虔敬，是在演奏音乐时内心的幸福和谐。

其实，这只是儒家对宗教崇拜仪式的虔诚所致，如祭天，祭地，皇家的祭祖、祭日、祭月、祭山、祭河，祭灶神，祭房子的西南角，以及所有的民间节日，这都是由于宗教心境的虔诚的缘故，所以我常常想把中国礼字在英文里只译成 religion（宗教），不过只是想如此译而已，并未真如此译。将礼字译成宗教在以下句中非常适宜，如“博我以文，约我以礼”（这是孔子言求仁之法）。礼字内的宗教特点是毋庸置疑的。甚至今天中国人还把儒家的道理称之为“礼教”。我们在此还是要避免“宗教”（religion）这一名词，因为很容易令人联想到基督教，而基督教是把宗教的与世俗的之间划有鸿沟的。此一分别在中国古代并没有。当然，在墨子的理论中也没有此一区别，墨子把所有的社会行为与宗教行为，都看做是宗教性的。现代人已不生活在那种神权社会或半神权社会，也就难以了解“典礼的选择”“杀牲”“视察动物”“饭前的净手”等与宗教有何关系。现在把饭前洗手只视为是讲求卫生了。但是在墨子看来，卫生也是宗教，因为宗教是无所不包的。把礼字译为宗教当然是有点儿费解，但是在儒家思想里确实如此。从心理上说，人的宗教性的心境，在希伯来文说是“敬畏上帝”，在基督教里说为“虔诚”，其实也是儒家这个宗教在人生活中的目的，不过这种心境在儒家称之为“敬”，在日常生活中表现在对社会秩序与道德纪律上。我常把儒家的“敬”译成英文的 piety（虔敬），因为我觉得译为 respect 是完全不妥的。

儒家“礼”字的中心观念的含义可作以下解释：作宗教解，作社会秩序原则解（其中包括宗教），作理性化的封建秩序解，作社会、道德、宗教习俗的整体解（一如孔子以之教人，一如孔子之予以理性化）。于是，又作一套历史学问解。又可解作宗教崇拜，国之仪礼，民间节庆，婚礼，丧礼，男女到达成年时之加冠与梳发的仪礼（古礼男人成年为二十岁，女为十五岁），军中纪律，学校制度，男女的性行为，家庭生活，饮食，运动（尤指射箭、驾车、打猎），音乐，舞蹈。礼也可解作意义分明的社会关系，彼此以适当的态度相对待：为父母者要慈爱，为子女者要孝顺；为弟者要敬兄长；为兄长者要爱护弟弟；对友人要忠诚；为臣民者要敬尊长；为首长者要仁爱。礼是一种诚敬的心境，是行为的道德纪律。作为人行为的原则时，是指处世行事皆得其宜（propriety）。作为广义的社会原则解时，其义为“物皆有序”，为“万物各得其所”。是礼仪，是遵守法则制度。是继往开来。最后，是礼貌，是风度。

我深信，孔子在当代声誉之隆，都是由于他之传授古礼以及他那套丰富的史学知识之所致。易言之，就是说，他所知之博，正是他同代的一般学者所望尘莫及的，这才使人对他如此之尊敬。人总是对自己所不知的怀有敬意。一个人越多谈论众人所不知者，众人对他所怀的敬意也越大。孔子若徒有机智而缺乏实学，充其量，他只不过像英国的萧伯纳（Bernard Shaw），切斯特顿（G. K. Chesterton），绝不能成为托马斯·阿奎那（Thomas Aquinas）。总之，历史方面的学问之于孔子，正犹如美国语文那套学问之于门肯（H. L. Mencken）一样，那套专门学问都是他们受人仰望不可或缺的条件。

【原文】

孔子曰：“入其国，其教可知也。其为人也，温柔敦厚，《诗》教也。疏通知远，《书》教也。广博易良，《乐》教也。絜静精微，《易》教也。恭俭庄敬，《礼》教也。属辞比事，《春秋》教也。故《诗》之失愚，《书》之失诬，《乐》之失奢，《易》之失贼，《礼》之失烦，《春秋》之失乱。其为人也，温柔敦厚而不愚，则深于《诗》者也。疏通知远而不诬，则深于《书》者也。广博易良而不奢，则深于《乐》者也。絜静精微而不贼，则深于《易》者也。恭俭庄敬而不烦，则深于《礼》者也。属辞比事而不乱，则深于《春秋》者也。”

【语译】

孔子说：“到一个国家，就可以了解这个国家的教化。国民若温柔敦厚，便是诗的教化。若开通而富有历史知识，便是历史的教化。若爽快而平和，那就是音乐的教化。若宁静而敏于观察，那就是《易经》的教化。若恭俭庄敬，那就是礼的教化。若巧于言辞，长于判别，便是《春秋》的教化。所以，诗的教化的缺点，是使人弱于理性。历史的教化的缺点，是使人失之于妄信传闻。音乐教化的缺点是使人奢侈放纵。哲学教化的缺点是使人狡猾奸诈。礼之教化的缺点是烦琐复杂。《春秋》教化的缺点是乱法悖德。人若是温柔敦厚，而不缺乏理性，他是深于诗教了。若胸襟开朗，熟于历史，但不盲信逸闻故事，则是深于书教了。慷慨温和而不奢侈放纵，则是深于乐教了。若宁静深思，敏于观察，而不狡猾奸诈，就是深于哲学的研究了。若是谦恭斯文，习于节俭，而不烦琐复杂，则是深于礼教了。若是巧于辞令，善于譬喻，而不惑于流俗悖乱，则是深于《春秋》的教化了。"

【原文】

天子者，与天地参，故德配天地，兼利万物，与日月并明，明照四海而不遗微小。其在朝廷，则道仁圣礼义之序；燕处，则听雅颂之音；行步，则有环佩之声；升车，则有鸾和之音。居处有礼，进退有度，百官得其宜，万事得其序。《诗》云："淑人君子，其仪不忒。其仪不忒，正是四国。"此之谓也。发号出令而民说，谓之和。上下相亲，谓之仁。民不求其所欲而得之，谓之信。除去天地之害，谓之义。义与信，和与仁，霸王之器也。有活民之意而无其器，则不成。

【语译】

天子的地位与天地同等，其有利于万物之运行演化上之支配作用，也与天地相同。他与日月同发光辉，照耀四季，虽微细不遗。在朝廷上，他与群臣讨论道德之理想与社会的秩序。在家则听雅颂之乐，步行之时，发环佩之声；升车时，发出鸾凤和鸣声。在家庭生活上，其举止也是彬彬有礼。因此，由他一人之举止言谈，百官也得以自知其职分，社会上亦遵从正当之礼法。《诗经》上说："在仪表与行为上，有德之君是完美无瑕的，因此是为国民之楷模。"对他的命令，国人心悦诚服，此即吾人所谓之"和睦"，或是"和谐"。执政者与国民互相亲爱，即所谓"仁"。国民不必表示有所要求即能得到，自然对国家有"信心"。君王为民众兴利除弊，他的施政即合乎"义"。义与信，是霸主为政之法；和与仁，是王者的为政之法。为政者若徒具信心，而不用这等方法，也不能达到目的。

【原文】

礼之于正国也，犹衡之于轻重也，绳墨之于曲直也，规矩之于方圆也。故衡诚县，不可欺以轻重。绳墨诚陈，不可欺以曲直。规矩诚设，不可欺以方圆。君子审礼，不可诬以奸诈。

是故隆礼由礼，谓之有方之士。不隆礼，不由礼，谓之无方之民。敬让之道也，故以奉宗庙则敬；以入朝廷，则贵贱有位；以处室家，则父子亲、兄弟和；以处乡里，则长幼有序。孔子曰："安上治民，莫善于礼。"此之谓也。

【语译】

礼法制度之于国家，犹如秤之称轻重，木匠之用绳墨之定直线，规矩之定方圆。秤正确无误，在轻重上人不受欺骗；绳墨无误，则线条弯直不会错误；规矩无误，则方圆不会错误；为帝王者熟于礼法制度，则不为奸诈所欺。所以遵守礼法之民称之为方正之民，不遵守礼法之民称之为无礼法之民。

礼是互相敬让之道。在宗庙祭祀时，要虔敬；在朝廷上要百官尊卑有序；在家庭生活上，则父子亲爱，兄弟和睦；在乡里聚会上则长幼有序。孔子说："统治者要安于上位以治理百姓，没有再善于遵守礼法的了。"

【原文】

故朝觐之礼，所以明君臣之义也。聘问之礼，所以使诸侯相尊敬也。丧祭之礼，所以明臣子之恩也。乡饮酒之礼，所以明长幼之序也。婚姻之礼，所以明男女之别也。夫礼，禁乱之所由生，犹坊止水之所自来也。故以旧坊为无所用而坏之者，必有水败。以旧礼为无所用而去之者，必有乱患。

故婚姻之礼废，则夫妇之道苦，而淫辟之罪多矣。乡饮酒之礼废，则长幼之序失，而争斗之狱繁矣。丧祭之礼废，则臣子之恩薄，而倍死忘生者众矣。聘觐之礼废，则君臣之位失，诸侯之行恶，而倍畔侵陵之败起矣。故礼之教化也微，其止邪也于未形，使人日徙善远罪而不自知也。是以先王隆之也。《易》曰："君子慎始。差若毫厘，缪以千里。"此之谓也。

【语译】

朝见皇帝的礼仪，是用表示君臣的身份。各国使节之交互访问，是用以表示各国元首之间的相互尊敬。丧礼与祭礼是用以表示为人臣及为人子者的感恩。乡村中饮酒之礼是表示长辈与晚辈的上下辈分。婚姻之礼是表示男女两性的区别。礼是防乱于未然，犹如堤防是防御水灾。若以为以前的堤防无用而拆除之，必有水患。若以为以前的礼教无用而废除之，必起祸乱。所以婚姻之礼一经荒废，则夫妇之间的生活必有苦恼，而淫邪之罪便会发生不已。乡村饮酒之礼一经荒废，则长幼之间的辈分便失其顺序，而争夺涉讼之事必多。丧祭之礼废除，为臣与子者对父母与君之感恩必致微薄，后辈对死者必致背叛，滋肆放纵。朝见皇帝之礼荒废之后，君臣的身份必致失去，各国元首必致傲慢不法，侵夺交战必然发生。

因此可见，礼的教化作用虽然不易见出，但能防止邪恶于未然，并且使人不知不觉中趋善避恶，所以前代的帝王无不重视礼的教化。《易经》上说："为君者当慎乎始。开始时若有些微的差错，以后便错误不堪了。"正是此意。

第七章

儒家社会秩序三论（二）

《礼记·哀公问》第二十七

礼之目的，是将社会地位与明确的义务，予以清楚而简明的解释之后，使之构成一套完整的道德秩序，以为国家的政治秩序之道德基础。这种和谐的人际关系的哲理，对中国仍然有其益处——因为它仍然是中国社会风气的基石。

【原文】

哀公问于孔子曰："大礼何如？君子之言礼，何其尊也？"孔子曰："丘也小人，不足以知礼。"君曰："否！吾子言之也。"孔子曰："丘闻之，民之所由生，礼为大。非礼无以节事天地之神也，非礼无以辨君臣上下长幼之位也，非礼无以别男女父子兄弟之亲、昏姻疏数之交也；君子以此之为尊敬然。然后以其所能教百姓，不废其会节。有成事，然后治其雕镂文章黼黻以嗣。其顺之，然后言其丧算，备其鼎俎，设其豕腊，修其宗庙，岁时以敬祭祀，以序宗族。即安其居，节丑其衣服，卑其宫室，车不雕几，器不刻镂，食不贰味，以与民同利。昔之君子之行礼者如此。”

【语译】

鲁哀公向孔子请教，说：“何谓大礼？有知识的人何以那么重视‘礼’呢？”孔子答道：“我很平凡，不够了解大礼。”哀公说：“不！请先生说吧。”孔子这才答道：“我听说，在人类生活中，礼最重要。没有礼，便不能正当地敬拜天地神明；没有礼，便不能分别君臣及贵贱长幼的辈分；没有礼，便不能区别男女、父子、兄弟的亲情，以及婚姻上、社会上彼此的关系。因此，有知识的人把礼看得十分重要。而后以他所了解的来教导百姓，使他们不致弄坏了彼此的关系。到有了成效，再加以文采修饰，使在文采不同的情形中区别出长辈和小辈的等级，并依照此种等级讨论丧祭之事，如何备办食品，陈列牲体干货，修建祠庙，按时节举行祭祀，并排定亲属的秩序。自己要习于这种礼俗，穿衣服要俭朴，住房屋要低小，乘车不雕饰图案，用具不镂刻花纹，吃简单的食物，剩余的利益和人民同享。古之君长，是这样行礼。”

【原文】

公曰：“今之君子，胡莫之行也？”孔子曰：“今之君子，好实无厌，淫德不倦，荒怠傲慢，固民是尽，午其众以伐有道：求得当欲，不以其所。昔之用民者由前，今之用民者由后。今之君子，莫为礼也。”

【语译】

哀公说：“今之君长何以无人行这礼呢？”孔子说：“今之君长，贪图物质享受，不知满足，过分地贪求利益，不肯罢手。心荒体懒，态度傲慢，非要刮尽人民的资财不可，而且违反众意，侵害好人，只求个人欲望满足，不择手段。古之君子，是照前面的做法，而今之君子，则是照刚才所说的做法。今之君子岂肯行此古礼！”

【原文】

孔子侍坐于哀公，哀公曰：“敢问人道谁为大。”孔子愀然作色而对曰：“君之及此言也，百姓之德也！固臣敢无辞而对？人道，政为大。”公曰：“何谓为政？”孔子对曰：“政者正也。君为正，则百姓从政矣。君之所为，百姓之所从也。君所不为，百姓何从？”公曰：“敢问为政如之何？”孔子对曰：“夫妇别，父子亲，君臣严。三者正，则庶物从之矣。”公曰：“寡人虽无似也，愿闻所以行三言之道，可得闻乎？”孔子对曰：“古之为政，爱人为大。所以治爱人，礼为大。所以治礼，敬为大。敬之至矣，大婚为大。大婚至矣！大婚既至，冕而亲迎，亲之也。亲之也者，亲之也。是故，君子兴敬为亲；舍敬，是遗亲也。弗爱不亲，弗敬不正。爱与敬，其政之本与？”

【语译】

孔子陪伴哀公谈话时，哀公说：“请问做人的道理，什么最重要？”孔子听了，肃然答道：“君长提到这个问题，真是人民的福气。鄙人岂敢不好好答复？做人的道理，以政务最为重要。”哀公说：“请问政的含义。”孔子说：“政就是正，国君做得正，百姓就跟着做得正。因为国君所做，百姓跟着做榜样，国君不做，百姓就无楷模可尊。”哀公又说：“政务该怎样办呢？”孔子说：“夫妇有分别，父子相亲爱，君臣相敬重。此三事做好，其他事情都跟着做好了。”哀公说：“像我虽然不够贤明，但愿听听怎样实行那三句话。”孔子说：“古代负责政务的人，最重要的在于爱别人。做到爱别人，最重要的则在于礼。要行礼，最重要的在于敬。充分做到敬，最重要的在婚姻之事上。婚姻是敬意中最难做到的！在婚姻大事上，要穿戴大礼服，亲往女家迎接，以表示爱她。所谓爱她，应该是敬慕，所以做君长，当以敬慕之心与她相爱，若抛开敬意，就失去爱慕的诚意了。无爱慕便不能相亲，亲而无敬意，便不是正当的婚姻。因此，第一就是爱自己最亲近的妻子，对妻子能有爱有敬，才是爱别人的开始，亦即政务的开始。”

【原文】

公曰：“寡人愿有言。然冕而亲迎，不已重乎？”孔子愀然作色而对曰：“合二姓之好，以继先圣之后，以为天地宗庙社稷之主，君何谓已重乎？”公曰：“寡人固！不固，焉得闻此言也。寡人欲问，不得其辞，请少进！”孔子曰：“天地不合，万物不生。大婚，万世之嗣也。君何谓已重焉！”孔子遂言曰：“内以治宗庙之礼，足以配天地之神明；出以治直言之礼，足以立上下之敬。物耻，足以振之；国耻，足以兴之。为政先礼，礼，其政之本与？”孔子遂言曰：“昔三代明王之政，必敬其妻子也，有道。妻也者，亲之主也，敢不敬与？子也者，亲之后也，敢不敬与？君子无不敬也。敬身为大。身也者，亲之枝也，敢不敬与？不能敬其身，是伤其亲；伤其亲，是伤其本；伤其本，枝从而亡。三者，百姓之象也。身以及身，子以及子，妃以及妃，君行此三者，则忾乎天下矣，大王之道也。如此，国家顺矣。”

【语译】

哀公说：“我还想问一句，你说，王侯娶亲，也要穿大礼服去迎接女人，不太隆重了吗？”孔子听了，皱眉正色回答道："婚姻之事是结合不同的血统，以承继祖宗的后嗣，做天地宗庙社稷的主人，怎能说过于隆重呢？"哀公赶忙说："我真笨，若不笨也听不到这些话了。刚才我想问，一时话说得不得体，现在请继续说吧！"孔子接着说："气候土壤不相合，万物不能生长。王侯婚礼是要传宗接代以至万万代，怎能说太隆重呢！"于是孔子再往下说："夫妇在内主持宗庙之礼，敬礼天地神明；在外主持号令，做上下相敬的模范。有此模范，臣子失职时，可凭此纠正；国君失职时，可凭此辅导。施政必定先有此礼，所以称夫妇之礼为政务之始。"孔子又往下说："从前，夏、商、周三代的贤君，施政时必敬重妻子，自有其道理。因为是奉事宗祧的主体，岂可不敬？子是传宗接代的，岂可以不敬？所以君子无不敬，而敬自己，尤为重要。因为自己是承先启后的关键，岂可以不敬？若不敬自身，就是伤害血统，伤害血统，就是毁灭根本，毁灭根本，枝属亦随之而灭绝了。此三项：自身、妻、子，国君有，百姓也有。由己身推到百姓之身，由己子推到百姓之子，由自己之配偶推到百姓的配偶。所以国君行此三敬，则天下都行此三敬了。这就是周代祖先大王所实行的道理。能够这样，则整个国内莫不依从了。"

【原文】

公曰："敢问何谓敬身？"孔子对曰："君子过言，则民作辞；过动，则民作则。君子言不过辞，动不过则，百姓不命而敬恭。如是，则能敬其身。能敬其身，则能成其亲矣。"公曰："敢问何谓成亲？"孔子对曰："君子也者，人之成名也。百姓归之名，谓之君子之子。是使其亲为君子也，是为成其亲之名也已！"孔子遂言曰："古之为政，爱人为大。不能爱人，不能有其身。不能有其身，不能安土。不能安土，不能乐天。不能乐天，不能成其身。"

【语译】

哀公说："请问何谓敬身？"孔子答道："君长若说错了话，人民会跟着说错话；做错了事，人民也会跟着模仿。所以君王说话不能有错，做事不能没规律。能这样，则不待发号施令人民便跟着敬而有礼了。这是敬身。能敬自身，也成就了上代人的名誉。"哀公又问："何谓成就上代人呢？"孔子答道："所谓君子，是别人所给的称呼。百姓归向他而给他的名称，叫做君子之子，他的上代便是君子了。这样就成就了上代人的名誉。"孔子又往下说："古代负责施政者，皆以爱人为首要。不能爱别人，别人也不能成就他了。不能保全其自身，就不能安享土地。不能安享土地，也就不能安乐天命。不能安乐天命，也就不能成就其自身了。"

【原文】

公曰："敢问何谓成身？"孔子对曰："不过乎物。"公曰："敢问君子何贵乎天道也？"孔子对曰："贵其不已。如日月东西相从而不已也，是天道也；不闭其久，是天道也；无为而物成，是天道也；已成而明，是天道也。"公曰："寡人蠢愚，冥烦，子志之心也。"孔子蹴然辟席而对曰："仁人不过乎物，孝子不过乎物。是故，仁人之事亲也如事天，事天如事亲，是故孝子成身。"公曰："寡人既闻此言也，无如后罪何！"孔子对曰："君之及此言也，是臣之福也。"

【语译】

哀公说："请问何谓成就自身？"孔子答道："自己的一切作为，都不逾越礼法，就叫成就自身了。不逾越礼法，也是自然的法则。"哀公又问："君子何以要尊重自然的法则呢？"孔子答道："是对自然的运行不息表示敬意。日月从东到西运行不息，是自然法则。既而运行无阻而又永远如一，也是自然法则。不显出能干而能完成一切，也是自然法则。再者完成一切而又明显可见，这也是自然法则。"哀公说："我很愚昧，幸承教诲。"孔子听了，赶忙离开座位回答说："仁人遵守自然之道，孝子遵守自然之道。因此，仁人孝敬父母就如同孝敬天，孝敬天就如同孝敬父母。效法天的无过无不及，力行不息，所以孝子能成就自身。”哀公说：“我听了这些大道理，怕将来还有差错，该怎样办好？”孔子说：“您会提到将来，是臣的福气。”

第八章

儒家社会秩序三论（三）

《礼记·礼运》第九

在大同世界，孔子所提倡之礼及其中之人道主义，已全无用处，而次一理想的小康世界则与礼大有关系……既知道有一个道德完美的世界理想存在，又敢毅然以我们这样不完美的人类而创立一个次一等的世界，这也是孔子的智慧另一面。

本文为《礼记》中若干重要章节之一，大概由孔子弟子冉求（字子有）所记。本章前段把孔子的理想社会“大同世界”与次一理想“小康世界”予以区别。在大同世界，孔子所提倡之礼及其中之人道主义，已全无用处，而次一理想的小康世界则与礼大有关系。在孔子理想中有一个世界，其中男女大致上近乎完美，而使礼的种种约束已无必要，这一点颇堪玩味，并因此令人觉得孔子的憧憬具有道不远人之意，这一段文字也暗示如不能达到大同世界，降而求其次，小康世界也可差强人意了。既知道有一个道德完美的世界理想存在，又敢毅然以我们这样不完美的人类而创立一个次一等的世界，这也是孔子的智慧另一面。近代中国学者受了西洋乌托邦理想主义的影响，孔子这种理想国越发受到他们的重视。有人向孙中山先生请赐墨宝之时，他常爱写“天下为公”四个字相赠，这四个字便是从本章文字中摘录下来的。礼这个字，也可以说是一种社会秩序原理，以及社会上一般的习俗，在本章中讲得十分清楚，也发挥得堪称完备。在本章我们可以看出礼是包括民俗、宗教风俗规矩、节庆、法律、服饰、饮食居住，也可以说是“人类学”一词的内涵。在这些原始存在的习俗上，再加以理性化的社会秩序的含义，对礼字全部的意义就能把握住了。

本章曾将孔子想恢复之古代封建制度数段文字，略而未录，此数段虽对研究中国古代语言学者颇为有趣，但本书重在阐述广义的孔子遗教，故不列入。孔子再三强调在生活中要广读博学，但莫忘融会贯通而能以一贯之。孔子认为学与思兼顾方为真正的“士”。西汉学者对儒家典籍致力于其语文之钻研，颇为精细，但于其中一贯的哲理则诸多忽略；宋儒深受佛学哲理与冥思主静之影响，而忽略儒学中之文字研究，以致读书不能把握其精义。后世有专研究语文细节之评注家，竟有以三万字专文解释“书经”二字者。《周礼》《仪礼》《礼记》三书为研究中国古代民风者，自系一丰富宝藏，但与本书则迹近风马牛。

【原文】

昔者仲尼与于蜡宾，事毕，出游于观之上，喟然而叹。仲尼之叹，盖叹鲁也。言偃在侧曰："君子何叹！"孔子曰："大道之行也，与三代之英，丘未之逮也，而有志焉。"

【语译】

从前，孔子受邀请参加蜡祭，充任来宾。祭事完毕后，他出游到大门楼上，唉声叹气，是因鲁国而起。当时子游随侍在侧，问道："老师为何叹气？"孔子说："大道实行的时代，和夏、商、周几位英明的君主当政的时代，我都来不及看到，所看到的只剩一些记载而已。"

【原文】

大道之行也，天下为公。选贤与能，讲信修睦，故人不独亲其亲，不独子其子，使老有所终，壮有所用，幼有所长，鳏寡孤独废疾者，皆有所养。男有分，女有归。货恶其弃于地也，不必藏于己；力恶其不出于身也，不必为己。是故，谋闭而不兴，盗窃乱贼而不作，故外户而不闭。是谓大同。

今大道既隐，天下为家，各亲其亲，各子其子，货力为己。大人世及以为礼，城郭沟池以为固，礼义以为纪；以正君臣，以笃父子，以睦兄弟，以和夫妇，以设制度，以立田里，以贤勇知，以功为己。故谋用是作，而兵由此起。禹、汤、文、武、成王、周公，由此其选也。此六君子者，未有不谨于礼者也。以著其义，以考其信，著有过，刑仁讲让，示民有常。如有不由此者，在执者去，众以为殃。是谓小康。

【语译】

在大道实行的时代，天下为天下人所共有。选举贤能者共同治理，人人注重信用，彼此和好，于是人不仅爱自己的父母，不仅爱自己的儿女，更能使社会上的老人都能安享天年，壮年人各能贡献才力，儿童能受良好的教育，鳏寡孤独以及残废的人都得到供养。男人各有职业，女的都正式婚配。既不以大好的资源委弃而不用，也不占为己有；有力的出力，但也不必为自己。阴谋不生，偷窃杀人也不再出现。门窗不必关闭，也平安无事。那样的世界叫做大同世界。

现在大道既已消失，天下成了一家一姓的私产，各人只爱自己的父母，自己的儿女；资源劳力都成为私人所有，而且还成为世袭的，旁人不得分享。要保有私产，就不能没有城郭沟池牢牢的防守，拟订仪式理论等纪律，以确定君臣的名分，强调父子的慈孝，加强兄弟的友爱，加深夫妇的恩情。如此立定制度，划分田地，尊重勇为智能，把功绩作为个人所有。因而诈巧的奸谋就随之发生，而争夺交战便由此而起。在此一时代，禹、汤、文王、武王、成王、周公算是最出色的人物了。这六位君子，都颇守礼法。发扬正义，考验信实，明示错误，行仁讲让，以正轨昭示于人。若有不遵礼法者，虽有权势，也予以斥逐，使人人知其为灾祸之根源。这就是小康时代。

【原文】

言偃复问曰："如此乎礼之急也？"孔子曰："夫礼，先王以承天之道，以治人之情。故失之者死，得之者生。《诗》曰：'相鼠有体，人而无礼。人而无礼，胡不遄死！'是故夫礼，必本于天，淆于地，列于鬼神，达于丧、祭、射、御、冠、昏、朝聘。故圣人以礼示之，故天下国家可得而正也。"

【语译】

言偃又问道："礼真是此等重要吗？"孔子说："礼本来是先王用以代表天道而治理人类的行为的。违背这法则便不能生存；合乎这法则才不消灭。《诗经·相鼠》说：'老鼠还有老鼠的形体，人怎能没有人的礼貌？人若不像人，不如早点死吧！'所以礼必顺乎天，合乎地，配合着鬼神之道，而表现于丧、祭、射、御、冠、婚、朝聘礼仪上！圣人用此等礼仪代表天道和人情，而天下国家才能正常发展。"

【原文】

言偃复问曰："夫子之极言礼也，可得而闻与？"孔子曰："我欲观夏道，是故之杞，而不足征也；吾得《夏时》焉。我欲观殷道，是故之宋，而不足征也；吾得坤乾焉。《坤乾》之义，《夏时》之等，吾以是观之。”

【语译】

言偃又问："老师说礼是那么重要，可否请老师告诉我们?"孔子说："我以前看夏代的礼仪，所以到杞国去考察，因为年代久远，那种礼仪已不可靠，我只得到他们的历书，名为《夏时》。我又想去看殷代的礼，于是到宋国去，但是也所见不多，只得到《乾坤》一书，讲的是阴阳变化，是夏时的历书。"

【原文】

夫礼之初，始诸饮食，其燔黍捭豚，汙尊而抔饮，蒉桴而土鼓，犹若可以致其敬于鬼神。及其死也，升屋而号，告曰：皋！某复。然后饭腥而苴孰。故天望而地藏也；体魄则降，知气在上。故死者北首，生者南乡，皆从其初。

【语译】

最古的礼仪，从饮食开始。饮食时，把黍子放在火上烤，把小猪放在火上烤；挖地当做酒壶，用两手捧着水当酒杯；用蒯草扎成的槌子敲地面当做鼓，照样可以敬鬼神。人死时，活人登屋顶向天喊叫。他们喊道：某人你回来吧！他们用生米塞在死者嘴里，埋葬时又给死者用草叶包的熟食。如此望天招魂，在地下埋葬。肉体入地，灵魂上天。死人的头向北，活人以南为尊。都是从古代流传下来的。

【原文】

昔者先王，未有宫室，冬则居营窟，夏则居橧巢。未有火化，食草木之实、鸟兽之肉，饮其血，茹其毛。未有丝麻，衣其羽皮。后圣有作，然后修火之利，范金合土，以为台榭宫室牖户；以炮以燔，以亨以炙，以为醴酪；治其麻丝，以为布帛。以养生送死，以事鬼神上帝，皆从其朔。

【语译】

上古先王之时，还没有宫殿房屋，冬天住在土窟里，夏天居柴巢上；不知道用火除去腥气，生吃草木的果实和鸟兽的肉，吸饮鲜血，连毛生吞；又不知用荨麻和蚕丝织布，只披鸟羽兽皮作衣服。到圣人出现，利用火做模型铸造金属，和泥土烧砖瓦，用以建筑台榭宫室门窗；同时又用火炮烤煮炙各种食物，酿造醴酒乳酪；同时又用丝麻织成麻布丝绸，以应日常生活及办理丧事、祭祀鬼神上帝，这与原始时代相同。

【原文】

故玄酒在室，醴盏在户，粢醍在堂，澄酒在下。陈其牺牲，备其鼎俎，列其琴瑟管磬钟鼓，修其祝嘏，以降上神与其先祖。以正君臣，以笃父子，以睦兄弟，以齐上下，夫妇有所。是谓承天之祜。

【语译】

因为事事皆依古制，所以祭祀时，玄酒反而在室，醴酒和盏酒在户，齐醍酒在堂，清酒在堂下。并陈列供祭的牺牲，备齐鼎俎，安排琴瑟管磬钟鼓，预备祝辞祭辞，以迎接神和先祖的降临。在祭祀进行时，辨正君臣之义，增厚父子之情，和睦兄弟之谊，沟通上下的情感，而主人夫妇各有应处的地位。此种祭祀，可称为承受了上天的降福。

【原文】

作其祝号，玄酒以祭。荐其血毛，腥其俎，孰其淆。与其越席，疏布以幂，衣其浣帛，醴盏以献，荐其燔炙。君与夫人交献，以嘉魂魄，是谓合莫。然后退而合亨，体其犬豕牛羊，实其簠簋笾豆铏羹，祝以孝告，嘏以慈告。是谓大祥。此礼之大成也。

【语译】

作祝辞的名称，设玄酒祭神，献刚宰的牺牲血和毛，再献生肉俎，再献半熟的牲礼。行礼时，主人主妇亲践蒲席，端着粗麻布覆盖的酒樽，穿着新染的绸衣，献了醴酒，又献盏酒；进了烤肉，又进烤肝。主人先献，主妇次献，一前一后，献了再献，使祖先的幽灵非常愉快，这叫人神相通。正祭完毕，然后把半生的牲肉在一起烹煮，再分别犬豕牛羊的骨体，盛在大盘小碗中，分敬众人。祝辞写的是“孝子孝孙”，嘏辞是“祝福子孙平安如意”。这是大吉大祥，是礼之大成。

【原文】

孔子曰：“呜呼哀哉！我观周道，幽、厉伤之，吾舍鲁何适矣！”

【语译】

孔子说：“可悲啊！我看周代的制度，厉王、幽王破坏尽了。目前，除鲁国之外，还能到何处去找呢？”

【原文】

是故，礼者君之大柄也。所以别嫌明微，傧鬼神，考制度，别仁义；所以治政安君也。故政不正，则君位危；君位危，则大臣倍，小臣窃。刑肃而俗敝，则法无常。法无常，而礼无列。礼无列，则士不事也。刑肃而俗敝，则民弗归也。是谓疵国。

【语译】

所以说，礼为君主治国的工具。用以判断是非洞察明微，敬事鬼神，考校制度，确保伦常；是用来推行政事巩固君权的。政事不上轨道，君权必发生动摇；君权动摇，则大臣背叛，小臣偷窃。虽有严刑峻罚，他们反而利用刑罚取巧作恶，风气败坏。因为法令漏洞百出，要时常改变，礼节也随之纷乱。礼节既乱，则士人必无所适应。再加刑罚峻严，风气败坏，民心尽失。此种国家，叫做疵国。

【原文】

何谓人情？喜、怒、哀、惧、爱、恶、欲，七者，弗学而能。何谓人义？父慈、子孝、兄良、弟弟、夫义、妇听、长惠、幼顺、君仁、臣忠，十者，谓之人义。讲信修睦，谓之人利。争夺相杀，谓之人患。故圣人所以治人七情，修十义，讲信修睦，尚辞让，去争夺，舍礼何以治之？饮食男女，人之大欲存焉。死亡贫苦，人之大恶存焉。故欲恶者，心之大端也。人藏其心，不可测度也；美恶皆在其心，不见其色也。欲一以穷之，舍礼何以哉？

【语译】

何谓人情？喜、怒、哀、惧、爱、恶、欲，是人的本能，称为人情。何谓人义呢？为父要慈，为子要孝，为兄要友爱，为弟要敬兄，为丈夫要有义，为妻者要顺从，为长者要体恤下情，年幼者要听从教训，皇帝要仁，为臣要忠，这十种叫做人义。此外，大家讲究信用，保持和睦，叫做人利。若彼此争夺杀害，就是人祸了。所以圣人协调七情，建立十义，讲信修睦，提倡辞让，摒弃争夺。要达到这些目标，除去礼教，还有什么好方法呢？饮食男女本是人类最基本的欲望，死亡贫苦，也是人类最怕的事。这种爱好与嫌恶，在人心理上是很强烈的。人把这两种藏在内心，别人无从察觉；爱恶也藏在心中，而不表现于形貌上。要使全部表露出来，除去用礼，还有什么好方法呢？

【原文】

故人者，其天地之德，阴阳之交，鬼神之会，五行之秀气也。故人者，天地之心也，五行之端也，食味、别声、被色而生者也。

【语译】

所以人类是天地的产物，阴阳的配合，为诸种元素的精华。所以人类实为宇宙的心灵，五行所结的果实，生而要享受饮食声色的。

【原文】

故先王患礼之不达于下也，故祭帝于郊，所以定天位也；祀社于国，所以列地利也；祖庙，所以本仁也；山川，所以傧鬼神也；五祀，所以本事也。故宗祝在庙，三公在朝，三老在学。王，前巫而后史，卜筮瞽侑皆在左右。王中心无为也，以守至正。

故礼行于郊，而百神受职焉；礼行于社，而百货可极焉；礼行于祖庙，而孝慈服焉；礼行于五祀，而正法则焉。故自郊社、祖庙、山川、五祀，义之修而礼之藏也。

【语译】

先王恐怕礼不能普行于天下，所以祭祀天帝于南郊，明定天的权位。祭地于国，表明生命所需之物资都来自大地。祭祖庙是表示尊亲之意，祭祀山川表示敬事鬼神。五种祭祀是表示纪念人在大地生存的本源。宗祝在庙，三公在朝，三老在学。帝王前有掌神事的巫，后有记人事的史官，乐师和谏官分守左右，王者居中央，宁静大公，以其至为纯正的态度为万民之主而已。像这样，礼行于郊以祭天则诸神各尽其职，祭地则万物滋生，祭祖庙，则慈孝蔚然成风；礼行于五祀，则使人人能善尽本分，礼之作用也就在于此了。

【原文】

是故夫礼，必本于大一，分而为天地，转而为阴阳，变而为四时，列而为鬼神。其降曰命，其官于天也。

【语译】

礼本于原始之浑元一体，此一体分化而为天地，进而旋转成为阴阳，再变而为四季，又分任各职而为鬼神。鬼神之意志乃表现为命运并受制于上天。

【原文】

故礼义也者，人之大端也。所以讲信修睦，而固人之肌肤之会，筋骸之束也。所以养生送死事鬼神之大端也。所以达天道，顺人情之大窦也。故唯圣人为知礼之不可以已也。故坏国，丧家，亡人，必先去其礼。故礼之于人也，犹酒之有蘖也，君子以厚，小人以薄。故圣王修义之柄，礼之序，以治人情。故人情者，圣王之田也。修礼以耕之，陈义以种之，讲学以耨之，本仁以聚之，播乐以安之。

【语译】

礼义是人生的本分，用以促进人类之间彼此的信任，社会生活的和睦，加强社会生活的关系。并且为养生送死敬拜神灵的基本礼法，也为上遵天理下达人情的原则。所以只有圣人才知道礼之不可废。因此，若想灭亡一个国，破坏一个人家，或毁坏一个人，必先使之丧失礼义的荣誉感。

礼之于人，就像酿酒用的曲蘖。君子醇厚，因对礼注重；小人薄劣，因不注重礼。所以古代圣王要培养义，建立礼的秩序，用以辅导人性。因此，人性犹如圣王所耕种的田地，用礼为工具以耕之，用义为种子以种之，用教育以除恶草，用仁爱来收络之，用音乐来使人愉悦。

【原文】

故礼也者，义之实也。协诸义而协，则礼虽先王未之有，可以义起也。义者，艺之分，仁之节也。协于艺，讲于仁，得之者强。仁者，义之本也，顺之体也，得之者尊。

故治国不以礼，犹无耜而耕也。为礼不本于义，犹耕而弗种也。为义而不讲之以学，犹种而弗耨也。讲之于学而不合之以仁，犹耨而弗获也。合之以仁而不安之以乐，犹获而弗食也。安之以乐而不达于顺，犹食而弗肥也。

【语译】

所以礼者，是正义之果。凡合乎理性的行为，虽在前代所未曾有，亦可视为正当。理性是人类的天赋，循正途必表现出仁德，能如此必然强大。仁心，是正当行为的根本，又是顺天理合乎人情的具体表现，能如此，则无人不敬服尊仰。

所以治国而不用礼，就犹如没有农具而耕田。制礼而不本于正义，就犹如耕了田不播种。行义而不说明，就像播种而不除草。说明其含义而不合乎仁爱，就像除草而不收成。合乎仁爱而不得其喜悦于音乐，就像收获了而不食用。得喜悦于音乐而不到心安理得的地步，就犹如食而得不到健康。

【原文】

四体既正，肤革充盈，人之肥也。父子笃，兄弟睦，夫妇和，家之肥也。大臣法，小臣廉，官职相序，君臣相正，国之肥也。天子以德为车，以乐为御；诸侯以礼相与；大夫以法相序；士以信相考；百姓以睦相守，天下之肥也。是谓大顺。

【语译】

四肢既已发育，而皮肤又复丰满，就是生活健康。父子相亲，兄弟和睦，夫妇相爱，就是家庭健康。大官奉公守法，小官方正廉洁，职务分工合作，君臣互相匡正，这是国家健康。天子以其德行为车，以音乐推行德政。诸侯以礼让相交往，大夫依法合作，士人以诚相勉，百姓和平共处，这是世界健康，可称之为大顺。

第九章

论教育

《礼记·学记》第十八

玉不加磨琢，不会成为美术品；人若不学习，亦不会明白道理。所以古代君王建国为政，总是以教育为先。《尚书·兑命》说："永远要念念不忘教育。"正是此意。

【原文】

发虑宪，求善良，足以谀闻，不足以动众；就贤体远，足以动众，未足以化民。君子如欲化民成俗，其必由学乎！

【语译】

发愿为善，只能让人小有声望，尚不足感动群众。与贤能者结交，欢迎远方的来人，虽能感动群众，但还不能化育人民。君子若要化育人民，培养良好风俗，一定要从教育入手吧。

【原文】

玉不琢，不成器；人不学，不知道。是故古之王者建国君民，教学为先。《兑命》曰："念终始典于学。"其此之谓乎！

【语译】

玉不加磨琢，不会成为美术品；人若不学习，亦不会明白道理。所以古代君王建国为政，总是以教育为先。《尚书·兑命》说："永远要念念不忘教育。"正是此意。

【原文】

虽有佳肴，弗食，不知其旨也；虽有至道，弗学，不知其善也。是故学然后知不足，教然后知困。知不足，然后能自反也；知困，然后能自强也。故曰：教学相长也。《兑命》曰："学学半。"其此之谓乎？

【语译】

虽然有好菜，不去吃，就不能知道味道美。虽然有好学说，不去学，就不知道好在何处。所以，研究学问之后，才知道自己所知不足。教导别人，才知道困难何在。知道自己所知不足，才能反省有自知之明。知道有困难，才能努力进修。所以说，教学相长。《尚书·兑命》上说："教为学之一半。"正是此意。

【原文】

古之教者，家有塾，党有庠，术有序，国有学。比年入学，中年考校。一年视离经辨志，三年视敬业乐群，五年视博习亲师，七年视论学取友，谓之小成；九年知类通达，强立而不反，谓之大成。夫然后足以化民易俗，近者说服，而远者怀之。此大学之道也。记曰："蛾子时术之。"其此之谓乎？

【语译】

古时教学的处所，二十五家的一村里有一个塾，有五百家的一镇有一个庠，二千五百家的郡有序，国的首都有学，每年有新生入学，隔一年考试一次。入学一年考经文句读，辨别志向；三年考查学生的读书习惯与团体生活情形。五年考查学生是否博学敬师；七年考查学生在学术上的见解，及对朋友的选择，这叫小成；九年而通晓各科，临事不惑，坚定不移，这叫大成。这时，才能化育百姓，改变风俗，近处的人心悦诚服，远方的人都来归附，这是大学教育的道理。古书上说："蚂蚁时时学习不息。"正是此意。

【原文】

大学始教，皮弁祭菜，示敬道也；宵雅肄三，官其始也；入学鼓箧，孙其业也；夏楚二物，收其威也；未卜禘，不视学，游其志也；时观而弗语，存其心也；幼者听而弗问，学不躐等也。此七者，教之大伦也。记曰："凡学，官先事，士先志。"其此之谓乎！

【语译】

大学开学时，士子穿礼服，用素菜祭祀，表示敬学之意；练习唱《小雅》上三首诗歌，是学做官的初步。先击鼓召集学生，然后打开书箧，使学生敬业；夏楚两物用以鞭策学生，使之敦品励行。夏天谛祭以前，无人到学校视察，是使学生自行发展；教师只观察学生，必要时才加以训教，是使学生自己思维。年幼的学生，听讲而不发问，则因学习有一定程序。这七项，是教学的主要方法。古书上说："凡学习做官，先学管事，要做学者，先立定志向。"正是此意。

【原文】

大学之教也时，教必有正业，退息必有居。学，不学操缦，不能安弦；不学博依，不能安诗；不学杂服，不能安礼；不兴其艺，不能乐学。故君子之于学也，藏焉，修焉，息焉，游焉。夫然，故安其学而亲其师，乐其友而信其道。是以虽离师辅而不反也。《兑命》曰："敬孙务时敏，厥修乃来。"其此之谓乎！

【语译】

大学按时序施教，有正常学科，下课及休假时，有课外研究。学习的方法，如果不学"操""缦"这些小曲调，指法不熟，弹琴弹不好；不学举譬喻，诗作不好，不学服饰用途，行礼也行不好；不喜爱这些小技艺，就无法对学习有兴趣。所以君子学习时，内藏于心，而发于外，休息或游乐时，都念念不忘。能如此，才能专心学习，亲爱师长，与同学相处融洽深信真理。虽离开了师长同学，也不会违背道义。《尚书·说命》说："恭敬谦顺，努力不懈，进修便可成功。"正是此意。

【原文】

今之教者，呻其占毕，多其讯言，及于数进而不顾其安，使人不由其诚，教人不尽其材；其施之也悖，其求之也佛。夫然，故隐其学而疾其师，苦其难而不知其益也，虽终其业，其去之必速。教之不刑，其此之由乎！

【语译】

今之教师，胡言乱语，用陈腐的问题困扰学生，呶呶不休。结果使学生没有诚意，教育的人也不能因材施教，学生只好假装用功。所教的课业先错，所希望于学生者自然也错。这样，学生昧于学习，憎恶师长，只觉学习困难，不知有什么益处。虽然学完一科，也就很快忘光。教育之不能成功，正是由于此种原因。

【原文】

大学之法，禁于未发之谓豫，当其可之谓时，不陵节而施之谓孙，相观而善之谓摩。此四者，教之所由兴也。

【语译】

大学教育方法，在恶念发生前，用礼约束禁止，叫做准备；在适宜教导时才教导，这叫合乎时宜；根据学生的能力，不跨越程度教导，叫做顺序；使学者互相观摩而收到益处，叫做切磋。这四种就是使教育发展的方法。

【原文】

发然后禁，则扞格而不胜；时过然后学，则勤苦而难成；杂施而不孙，则坏乱而不修，独学而无友，则孤陋而寡闻；燕朋逆其师；燕辟废其学。此六者，教之所由废也。

【语译】

恶念已经发生才加以禁止，因坚不可入，教育也难有作用。过了适当的学习时期才学习，纵然努力也难有成就。不按着进度学习，只使脑筋混乱而不成功。独自学习，不与同学研究，必然浅陋而见闻不广。结交损友会违背师长的教训；有不良的习惯会荒误学业。这六项是教育失败的原因。

【原文】

君子既知教之所由兴，又知教之所由废，然后可以为人师也。故君子之教喻也，道而弗牵，强而弗抑，开而弗达。道而弗牵则和，强而弗抑则易，开而弗达则思；和易以思，可谓善喻矣。

【语译】

君子既然知道了教育兴起的原因，又知道了教育衰落的原因，然后可以为人师。君子的教育方法是晓谕别人，以引导而不强迫别人服从；对学生刚严，并不抑制其个性发展；启发学生，而不将结论道破无余。引导而不强迫，使学生易于亲近。教师刚严而不抑制，学生才能自由发展。启发而不必说个净尽，学生才能思考。使学生亲近而又能自由思考，才是善于晓谕。

【原文】

学者有四失，教者必知之。人之学也，或失则多，或失则寡，或失则易，或失则止。此四者，心之莫同也。知其心，然后能救其失也。教也者，长善而救其失者也。

【语译】

学习的人会犯四种过错，教导的人必须要知道。人在学习时，有的贪多而不求甚解；有的囿于一隅，而所知太少；有的见异思迁而学不专一；有的故步自封，不求进步。这四种心理各自不同，先明白这些心理，才能补救那些毛病。教育之目的，是在培养良善挽救过失。

【原文】

善歌者，使人继其声；善教者，使人继其志。其言也约而达，微而臧，罕譬而喻，可谓继志矣。

【语译】

善于唱歌的人，能引人随同他歌唱；善于教学的人，能使人继续他的思想。教师的言语简约而明达，含蓄而精当，少用譬喻也容易了解，这样才能使人继续其理想。

【原文】

君子知至学之难易，而知其美恶，然后能博喻；能博喻然后能为师；能为师然后能为长；能为长然后能为君。故师也者，所以学为君也。是故择师不可不慎也。记曰：“三王四代惟其师。”此之谓乎？

【语译】

君子知道求学上的深浅难易，个人品性上的优劣，然后能广举晓谕，如此才有能力为人师。能为人师，始能做官长，能做官长，才能做君主。所以学为人师，就是学做君主。所以择师不可不慎。古书说：“虞、夏、殷、周四代，择师都很慎重。”正是此意。

【原文】

凡学之道，严师为难。师严然后道尊，道尊然后民知敬学。是故君之所不臣于其臣者二：当其为尸则弗臣也，当其为师则弗臣也。大学之礼，虽诏于天子，无北面，所以尊师也。

【语译】

求学时最难做到的，就是尊师。老师受到尊敬，然后真理才受到重视；真理受到重视，然后人民才知道重视学术。所以君主不以臣事君之礼要求他的臣子，有两种情形：一种就是在祭祀中，臣子代表死者魂灵之时；另一种就是臣子做君主老师之时。在大学里的礼法中，对天子讲课时，臣下不必面北居臣位，这就是表示尊师。

【原文】

善学者，师逸而功倍，又从而庸之；不善学者，师勤而功半，又从而怨之。善问者，如攻坚木，先其易者，后其节目，及其久也，相说以解；不善问者反此。善待问者，如撞钟，叩之以小者则小鸣，叩之以大者则大鸣，待其从容，然后尽其声；不善答问者反此。此皆进学之道也。

【语译】

学生善于学习，老师很轻松，而教育效果加倍，更得到学生的尊敬；学生不善于学习，老师督促严厉，而效果只到一半，学生怨恨老师过于严格。善发问的人，像砍坚硬的木头，先从软的部位开始，再到硬节，久了，木头自然脱落；不善发问的人刚好相反。善于答问的人，有如撞钟，轻敲钟声小，重敲钟声大，从容不迫地敲，钟声会余韵悠扬；不善答问的人刚好相反。这都是教与学的方法。

【原文】

记问之学，不足以为人师。必也其听语乎。力不能问，然后语之；语之而不知，虽舍之可也。

【语译】

只记忆材料以备回答别人发问的人，不够资格做别人的老师。好老师一定注意学生的见解。学生已经尽力而不得要领时，老师再予以指导；老师指导，学生仍然不明白，只暂时搁置。

【原文】

良冶之子，必学为裘；良弓之子，必学为箕；始驾马者反之，车在马前。君子察于此三者，可以有志于学矣。

【语译】

好铁匠的儿子，自然也能补缀皮袍。好弓匠的儿子，自然也能做畚箕。初学驾车的小马都先系在车子后面，而车就在面前。君子观察这三件事，就可学得教学的正当方法。

【原文】

古之学者，比物丑类。鼓无当于五声，五声弗得不和。水无当于五色，五色弗得不章。学无当于五官，五官弗得不治。师无当于五服，五服弗得不亲。

【语译】

古代学者，比较事物的异同而归成类别。鼓的声音并不同于五音之任何一种，但是五音不得鼓的调节就不和谐。水的颜色并不同于五色中任何一色，然而五色没有水调匀就不鲜明。学者并不等于政府任何官员，然而任何官员没经过教育就不会办事。老师不是人伦中的任何一种，但五伦没有老师的教诲就也不懂得人伦了。

【原文】

君子曰：大德不官，大道不器，大信不约，大时不齐。察于此四者，可以有志于学矣。

【语译】

君子说：伟大的德行，不专任一种职务。伟大的道理，不局限于一事一物。最大的信用，不必见于盟誓立约。恒久的天时，也不专属暑天或冬天。了解了这四种情形，就能立志学做大事了。

【原文】

三王之祭川也，皆先河而后海；或源也，或委也。此之谓务本。

【语译】

夏商周三代王者祭祀河川时，都是先祭河而后祭海。原委由此即可分明了。知道此一分别，就知道什么是要点了。

第十章

论音乐

《礼记·乐记》第十九

音乐出于人的内心。人有感于心，就表现于声音便有了节奏，便是乐。所以，太平盛世的音乐安详而愉快，政治也清平。乱世的音乐怨恨而愤怒，即因其政治之错乱。亡国的音乐悲哀而愁思，当时的人民必流离困苦。由此看来，音乐的道理与政治是密切相关的。

【原文】

凡音之起，由人心生也。人心之动，物使之然也。感于物而动，故形于声。声相应，故生变；变成方，谓之音；比音而乐之，及干戚羽旄，谓之乐。

【语译】

人心自外界接受到刺激，音乐便自内发生。人心受到外物的刺激而起反应，即表现于声音。因反应不同，所发的声音也不同。不同的声音相应和，就显出变化。将此变化列成一定的节奏，则成为歌声。比照歌声而配合以乐器以及跳舞用的道具，就是“乐”。

【原文】

乐者，音之所由生也；其本在人心之感于物也。是故其哀心感者，其声噍以杀。其乐心感者，其声啴以缓。其喜心感者，其声发以散。其怒心感者，其声粗以厉。其敬心感者，其声直以廉。其爱心感者，其声和以柔。六者，非性也，感于物而后动。

是故先王慎所以感之者。故礼以道其志，乐以和其声，政以一其行，刑以防其奸。礼乐刑政，其极一也；所以同民心而出治道也。

【语译】

“乐”是由声音所构成，对内心之刺激而来。所以心里悲哀时起的反应，则发出焦急低沉的声音。快乐时起的反应，则发出宽裕徐缓的声音。喜悦时的反应，则发出兴奋爽快的声音。愤怒时的反应，则发出粗野凄厉的声音。恭敬的反应，则发出虔诚而清纯的声音。恋爱的反应，发出体贴温柔的声音。这六种反应，不是人之天性不同，而是因不同的刺激所引起的。因此古代圣王非常重视人心所受的“刺激”。要用礼诱导人心，用乐调和人声，用政令划一行为，用刑罚防止社会的邪恶。礼、乐、刑、政其终极目的是相同的；全是要齐一人心而实现政治清平的理想。

【原文】

凡音者，生人心者也。情动于中，故形于声。声成文，谓之音。是故，治世之音安以乐，其政和。乱世之音怨以怒，其政乖。亡国之音哀以思，其民困。声音之道，与政通矣。宫为君，商为臣，角为民，徵为事，羽为物。五者不乱，则无怗懘之音矣。宫乱则荒，其君骄。商乱则陂，其官坏。角乱则忧，其民怨。徵乱则哀，其事勤。羽乱则危，其财匮。五者皆乱，迭相陵，谓之慢。如此，则国之灭亡无日矣。郑卫之音，乱世之音也，比于慢矣。桑间濮上之音，亡国之音也，其政散，其民流，诬上行私而不可止也。

【语译】

音乐出于人的内心。人有感于心，就表现于声音便有了节奏，便是乐。所以，太平盛世的音乐安详而愉快，政治也清平。乱世的音乐怨恨而愤怒，即因其政治之错乱。亡国的音乐悲哀而愁思，当时的人民必流离困苦。由此看来，音乐的道理与政治是密切相关的。若以五音之宫为君，商为臣，角为民，徵为事，羽为物，而此五音协调不乱，就不会有不和谐的声音。宫音乱时，显得慌乱，有如国君骄恣而贤者去位。商音乱则显得倾颓，有如官常败坏而国事阽危。角音乱则显得忧愁，有如人民愁想而隐忧四伏。徵音乱则显得悲哀，有如百事须苦而勤劳无功。羽音乱则显得危迫，有如物资匮乏而民用匮乏。若五音全乱而交相侵犯，国家也就行将灭亡了。古代郑、卫地方的音乐，是乱世的音乐，几乎完全错乱。师涓从濮水上听到的音乐，就是殷纣亡国之音乐。当时政事荒废，人民流离，不知爱国家只图私欲，败坏无度。

【原文】

凡音者，生于人心者也。乐者，通伦理者也。是故，知声而不知音者，禽兽是也；知音而不知乐音，众庶是也。唯君子为能知乐。是故，审声以知音，审音以知乐，审乐以知政，而治道备矣。是故，不知声者不可与言音，不知音者不可与言乐。知乐，则几于知礼矣。礼乐皆得，谓之有德。德者，得也。

【语译】

声音生于人心，而音乐则通于人伦物理。所以，只听声而不知文理的，是禽兽。只懂声音而不懂得音乐效用的，便是一般大众。唯有君子能懂音乐。因此，从分辨声而懂得音；从分辨音而懂得音乐的道理；从分辨音乐的道理而懂得政治的道理，这才会有全盘治国的计划。所以不知声的人，不可和他讨论音，不知音的人，不可和他讨论“乐”。如果懂得“乐”的功能，大概也懂得礼的意义了。若深通礼和乐，就可称为有德之君。德就是心得。

【原文】

是故，乐之隆，非极音也。食飨之礼，非致味也。清庙之瑟，朱弦而疏越，一倡而三叹，有遗音者矣。大飨之礼，尚玄酒而俎腥鱼，大羹不和，有遗味者矣。是故先王之制礼乐也，非以极口腹耳目之欲也，将以教民平好恶，而反人道之正也。

【语译】

所以最精美的音乐，不见得就是最复杂的音乐。最盛大的宴席，不见得就是最讲究的酒席。譬如周代大祭，伴奏清庙乐章所奏的乐器瑟，只有朱红的弦和稀疏的底孔，一人唱诗，三人和声，所弹所唱的甚为简单，其目的不在于美好的音乐。大祭享之礼，水首要，而盘里只是生肉生鱼，羹汤也没调味，可知其目的不在于口味了。因此，可知先王制订礼乐，不在于满足人口腹耳目之欲。恰恰相反，其宗旨是用礼乐教导人民，使人分辨爱与憎以恢复到天性的真纯。

【原文】

人生而静，天之性也；感于物而动，性之欲也。物至知知，然后好恶形焉。好恶无节于内，知诱于外，不能反躬，天理灭矣。夫物之感人无穷，而人之好恶无节，则是物至而人化物也。人化物也者，灭天理而穷人欲者也。于是有悖逆诈伪之心，有淫泆作乱之事。是故，强者胁弱，众者暴寡，知者诈愚，勇者苦怯，疾病不养，老幼孤独不得其所，此大乱之道也。

【语译】

人的思考力受了外界的刺激，才有了爱好或厌恶两种欲念。好恶的欲念没有节制，而外物又引诱不停，人若不能反省，以良知抑制冲动，则天生的理性就要毁灭了。外界不断刺激人，人若随其刺激而生好恶的反应，不以理性制衡，那就是接触外物也随之改变了。随外物改变，就是灭绝理性而追随人欲。于是便生有悖道诈伪的心，做出淫泆乱法的事，终致强者胁迫弱者，多数欺压少数，智者诈骗愚者，勇者欺负懦怯者，有病者无人照顾，老幼孤独者流离失所，这就天下大乱了。

【原文】

是故先王之制礼乐，人为之节；衰麻哭泣，所以节丧纪也；钟鼓干戚，所以和安乐也；婚姻冠笄，所以别男女也；射乡食飨，所以正交接也。礼节民心，乐和民声，政以行之，刑以防之，礼乐刑政，四达而不悖，则王道备矣。

【语译】

先王创作礼乐，是使人有所节制，比如披麻戴孝时的哀哭，是使人节哀，钟鼓干戚之设，用以庆祝安乐；婚姻冠笄之事，用以区别男女；射乡食飨之礼，用以纠正社交礼俗。用礼调节人的性情，用乐调和人的声音，用政令实行，用刑罚防治违法。礼乐刑政，四方面相辅而行，毫无冲突，政治之道便完备了。

【原文】

乐者为同，礼者为异。同则相亲，异则相敬。乐胜则流，礼胜则离。合情饰貌者，礼乐之事也。礼义立，则贵贱等矣；乐文同，则上下和矣；好恶著，则贤不肖别矣。刑禁暴，爵举贤，则政均矣。仁以爱之，义以正之，如此，则民治行矣。

【语译】

音乐使众人结合，礼仪使众人区别。因其结合，故使人彼此亲近；因其区别，故使人彼此尊敬。太重视乐，容易使人松弛；过分讲究礼，会使人隔阂而不亲。所以，礼与乐，是用以保持正当的感情与仪表。有一定的礼仪，就会显出贤能者贵，不贤能者贱的等级；有相同的音乐，居上位者与在下位者情感即可交流；有好坏的标准，才会显出谁贤谁不贤。不贤的，禁之以刑；贤能的，以爵赏推举；政治自然修明了。以仁心爱民，以正义治之，民治的理想即可实现了。

【原文】

乐由中出，礼自外作。乐由中出故静，礼自外作故文。大乐必易，大礼必简。乐至则无怨，礼至则不争。揖让而治天下者，礼乐之谓也。暴民不作，诸侯宾服，兵革不试，五刑不用，百姓无患，天子不怒，如此，则乐达矣。合父子之亲，明长幼之序，以敬四海之内。天子如此，则礼行矣。

【语译】

乐发自内心，礼自外来。乐发自内心，所以平静。礼自外来，所以表现于仪式。盛大的音乐必然平易，最大的典礼必须简单。乐教实行，人的情思都表达于外，心内便无怨恨；礼教流行，人的举动皆有定规，言行上便无冲突。所说“揖让而治天下”，即指礼乐的政治。要使无暴民作乱，远近诸国都来朝拜，无须动兵作战，不动用刑罚而百姓无忧，天子不怒，便是乐通行了。普天之下，父子相亲，长幼有序，国民敬爱。天子能做到这样，这就是礼通行了。

【原文】

大乐与天地同和，大礼与天地同节。和故百物不失，节故祀天祭地。明则有礼乐，幽则有鬼神。如此，则四海之内，合敬同爱矣。礼者殊事，合敬者也；乐者异文，合爱者也。礼乐之情同，故明王以相沿也。故事与时并，名与功偕。

【语译】

雄伟的音乐与自然和谐，隆重的礼仪与自然的节奏配合。因为和谐，故能不失万物之本性；有固定程序，故有祀天祭地之礼。明处用礼乐，暗处有鬼神。如此，天下之人，皆能相敬相爱。换言之：礼的仪式有所不同，但其宗旨在于相敬；乐也有所不同，但其宗旨皆在于相爱。因为礼乐是使人相敬相爱，故历代英明之主一贯以礼乐施政。政事历代不同，礼乐也因君王成就之庆典而异。

【原文】

乐者，天地之和也；礼者，天地之序也。和故百物皆化；序故群物皆别。乐由天作，礼以地制。过制则乱，过作则暴。明于天地，然后能兴礼乐也。

【语译】

乐表现宇宙的和谐；礼表现宇宙的秩序。因和谐故能化生万物；因秩序故能显出品级。乐由于自然而来，礼因社会的生活而作。礼逾越了秩序则乱，乐逾越了和谐则暴乱。知道天地的关系，而后才能创制礼乐。

【原文】

故圣人作乐以应天，制礼以配地。礼乐明备，天地官矣。

【语译】

所以圣哲作乐以应天，制礼以配地。礼乐分明而且完备之后，天地各尽其功能了。

【原文】

天尊地卑，君臣定矣。卑高已陈，贵贱位矣。动静有常，小大殊矣。方以类聚，物以群分，则性命不同矣。在天成象，在地成形；如此，则礼者天地之别也。地气上齐，天气下降，阴阳相摩，天地相荡，鼓之以雷霆，奋之以风雨，动之以四时，煖之以日月，而百化兴焉。如此，则乐者天地之和也。

【语译】

天尊而在上，地卑而在下，正似君与臣。高低分列，贵贱则各有其位了。动静各有定律，大小随以分别。万物以类而分，动物亦各自成群。在天为星球，在地成山河。而礼亦即据差别而定的。地气上升，天气下降，天地阴阳互相摩荡，雷霆鼓动，风雨滋润，四时周流，日月照耀，而万物化育生长。所以乐是与宇宙自然之理并行不悖的。

【原文】

乐著大始，而礼居成物。著不息者天也，著不动者地也。一动一静者，天地之间也。故圣人曰礼乐云。

【语译】

乐显示宇宙原始的力量，而礼则反应于创造的形体。显示不停的动是天；显示凝定的静是地；又动又静的则在天地之间，即圣人所论的礼乐。

【原文】

故观其舞，知其德。

【语译】

看到一个国家的舞，就知道此一国家的特性。

【原文】

夫民有血气心知之性，而无哀乐喜怒之常，应感起物而动，然后心术形焉。是故志微噍杀之音作，而民思忧。啴谐慢易，繁文简节之音作，而民康乐。粗厉猛起，奋末广贲之音作，而民刚毅。廉直劲正庄诚之音作，而民肃敬。宽裕肉好顺成和动之音作，而民慈爱。流辟邪散狄成涤滥之音作，而民淫乱。

【语译】

人虽皆有血气心知的本性，但哀乐喜怒的心情，则随境况而变。必待外物刺激而引起欲望。而低沉的声音引起人感伤忧愁。倦怠平易而音调慢长的声音，引起宁静喜悦。强而有力声音，发与收皆猛壮而昂奋的声音，引起刚强坚毅之心。清纯正直而庄严诚恳的声音，引起肃穆而虔敬。发出宽舒清润平静的声音，引起慈爱之心。淫荡刺激的声音，引人心情邪乱而悖德。

【原文】

土敝则草木不长，水烦则鱼鳖不大，气衰则生物不遂，世乱则礼慝而乐淫。是故其声哀而不庄，乐而不安。

【语译】

土壤瘠敝，草木不生。渔捞无时，鱼鳖不大；气温不正，生物不长；社会浊乱，则礼失其常，音乐淫靡。因此音虽悲哀而不庄重，虽喜悦而不安详。

【原文】

德者，性之端也。乐者，德之华也。金石丝竹，乐之器也。诗，言其志也，歌，咏其声也，舞，动其容也。三者本于心，然后乐器从之。是故情深而文明，气盛而化神。和顺积中而英华发外，唯乐不可以为伪。

【语译】

德是人性的基本；乐是德的光华。至于金石丝竹制成的是乐的工具。诗抒发心思，歌表现人的声音，舞则表现人的动作。诗、歌、舞，都是发于人心，而佐以乐器。因此，乐所表达的心志虽然幽深，而形象却是明白；气氛使人兴奋，感化效用却有力量。精神的和谐来自心灵而表现于音乐，所以在音乐上不可以作伪。

【原文】

魏文侯问于子夏曰："吾端冕而听古乐，则惟恐卧；听郑卫之音，则不知倦。敢问：古乐之如彼何也？新乐之如此何也？"子夏对曰："今夫古乐，进旅退旅，和正以广。弦匏笙簧，会守拊鼓，始奏以文，复乱以武，治乱以相，讯疾以雅。君子于是语，于是道古，修身及家，平均天下。此古乐之发也。今夫新乐，进俯退俯，奸声以滥，溺而不止；及优侏儒，獶杂子女，不知父子。乐终不可以语，不可以道古。此新乐之发也。今君之所问者乐也，所好者音也！夫乐者，与音相近而不同。"

【语译】

魏文侯向子夏问道："我穿着官服，衣冠整齐听古典音乐时，就一直想睡觉；但是，听到郑卫的音乐时，却精神振奋。请问：古乐为什么会使人那样，而新乐又为什么会使人这样呢？"子夏回答道："所谓古乐，是大众共同动作，或进或退，步调齐一，配以和平纯正而宽缓的乐声。弦乐管乐，都按‘拊’与‘鼓’的节拍。开始时击鼓，收场时鸣钟。用‘相’调节收场，用‘雅’调节快速动作，有君子解说叙述，全是关于修身、齐家、安定社会的事。古乐的表演是如此。至于新乐，舞与弯腰屈脊，淫声浪语，无限诱惑。还有俳优丑角，男女混杂，父子不分，歌舞终了仍不知内容为何，更无古事古训。这就是新乐的演奏。现在大人问的是乐，但大人爱好的却是音。乐虽也有音，彼此相近，但实际却是两件事。”

【原文】

文侯曰：“敢问何如？”子夏对曰：“夫古者，天地顺而四时当，民有德而五谷昌，疾疢不作而无妖祥，此之谓大当。然后圣人作，为父子君臣，以为纪纲。纪纲既正，天下大定。天下大定，然后正六律，和五声，弦歌诗颂，此之谓德音；德音之谓乐。《诗》云：‘莫其德音，其德克明。克明克类，克长克君，王此大邦；克顺克俾，俾于文王，其德靡悔。既受帝祉，施于孙子。’此之谓也。今君之所好者，其溺音乎？”

【语译】

文侯又问道：“这是怎么说呢？”子夏回答道：“在古时，风调雨顺，四季平安，人民有德，农产丰盛，没有疾疫灾祸，也没有妖怪异象发生，这叫大当。然后圣人制订父子君臣的名分，作为人与人关系的纲纪。纲纪既定，社会便有了秩序。社会安定之后，便稽考音律，调和五音，用乐器伴奏歌谣舞曲，叫做德音。这种德音才叫乐。《诗经》里有诗云：‘德音虽静，德行却表现得明白，而且合乎德行。适于做领袖，做君主，为大国的国王。能遵循前代遗风，上配文王，从不做懊悔的事。受蒙上帝降福，直到他的后代。’此乃德音的真义。大王既不喜欢德音，喜爱的是那些靡靡之音吧。”

第十一章

孟子

研究孔子思想之特点时，须略知儒家思想经过孟子又有了何等发展。这一点之重要，一因经孟子的阐释，儒家思想的哲学价值才更为清楚，二因儒家思想的哲学价值因孟子而发生了实际的影响。孟子代表了儒家的正统发展。

研究孔子思想之特点时，须略知儒家思想经过孟子又有了何等发展。这一点之重要，一因经孟子的阐释，儒家思想的哲学价值才更为清楚，二因儒家思想的哲学价值因孟子而发生了实际的影响。孟子代表了儒家的正统发展。《孟子》全书共七篇，每篇分为上下两章，比《论语》几乎厚了三分之一。以散文的文学价值论，也是《论语》所不及的。孟子是个雄辩滔滔的作家，真是辩才无碍，口若悬河，每篇都是气势如虹的长论，可以说段段精彩，使选辑儒家文字的人往往无法割爱。

孟子既然代表了孔子学说一方面重要的发

展，如果不读孟子的文章，对儒家的精义便不足以窥其全貌。儒家学说包罗至广，其门人实不能全部精通。所以孔氏早期的门人皆仅就其资禀之所近，对孔门学说予以发扬。后来，弟子散处四方，定居各国，以其所长传授弟子，遂与孔氏学说之真面目，相距愈远。唯孟子受业于子思，子思为曾子之弟子。故自孔子亡后，传孔学之正统者，唯孟子一人。故后人欲研究圣人之道，必自孟子入手。在解释孔氏学说上，“孟氏，醇乎醇者也。荀与扬（雄），大醇而小疵”（韩退之《读荀子》）。

本书所选孟子为《告子篇》，我认为它是《孟子》一书中最为重要，因而也最具有代表性的一篇。孟子思想中最重要处为以下各点——人性善，恢复性本善之重要，文化与教育之功用在防止人性为恶的环境所泯没，培养“浩然之气”［相当于法国哲学家柏格森所说的“蓬勃的生气”（elan vital）］。最后一点为：人人都是“性本善”，所以“人人可以为尧舜”。孟子也发挥了“王道”与“霸道”差异之所在。王道指仁政，霸道指专政。他进而将孔子所倡导的为政须以身作则的学说，发展到一个界说分明的体系，并首次用“仁政”一词，孔子则从未用过。孟子在其时大概是最渊博的史学家，关于征税制度、农业制度、封建制度，他都有明确的认识。至于他由孔子的“正己以为政”发展而来的“仁政”之道，我们未得其详，但是在他的文章里，我们分明见到他的“性善”说与“养其大者为大人”之重要。以上皆孟子独特之见解。

（一）性善说

告子曰："性，犹杞柳也。义，犹桮棬也。以人性为仁义，犹以杞柳为桮棬。"

（孟子曰：）"子能顺杞柳之性而以为桮棬乎？将戕贼杞柳而后以为桮棬也？如将戕贼杞柳而以为桮棬，则亦将戕贼人以为仁义欤？率天下之人而祸仁义者，必子之言夫。"

告子曰："性犹湍水也，决诸东方则东流，决诸西方则西流；人性之无分善与不善也，犹水之无分于东西也。"

孟子曰："水信无分于东西。无分于上下乎？人性之善也，犹水之就下也。人无有不善，水无有不下。今夫水搏而跃之，可使过颡，激而行之，可使在山，是岂水之性哉？其势则然也。人之可使为不善，其性亦犹是也。"

告子曰："生之谓性。"

孟子曰："生之谓性也，犹白之谓白欤？"

（告子）曰："然。"

（孟子曰：）"白羽之白也，犹白雪之白；白雪之白，犹白玉之白欤？"

（告子）曰："然。"

（孟子曰：）"然则犬之性犹牛之性，牛之性犹人之性欤？"

告子曰："食色，性也。仁内也，非外也。义外也，非内也。"

孟子曰："何以谓仁内义外也？"

（告子）曰："彼长而我长之，非有长于我也。犹彼白而我白之，从其白于外也，故谓之外也。"

（孟子）曰："异于白马之白也，无以异于白人之白也。不识长马之长也，无以异于长人之长欤？且谓长者义乎？长之者义乎？"

（告子）曰："吾弟则爱之，秦人之弟则不爱也，是以我为悦者也，故谓之内。长楚人之长，亦长吾之长，是以长为悦者也，故谓之外也。"

（孟子）曰："耆秦人之炙，无以异于耆吾炙。夫物则亦有然者也。然则耆炙亦有外欤？"

孟季子问公都子曰："何以谓义内也？"

（公都子）曰："行吾敬，故谓之内也。"

（孟季子）曰："乡人长于伯兄一岁，则谁敬？"

（公都子）曰："敬兄。"

（孟季子）曰："酌则谁先？"

（公都子）曰："先酌乡人。"

（孟季子）曰："所敬在此，所长在彼，果在外，非由内也。”

公都子不能答，以告孟子。

孟子曰：“敬叔父乎？敬弟乎？彼将曰：‘敬叔父。’曰：‘弟为尸，则谁敬？’彼将曰：‘敬弟。’子曰：‘恶在其敬叔父也？’彼将曰：‘在位故也。’子亦曰：‘在位故也。庸敬在兄，斯须之敬在乡人。’”

季子闻之曰：“敬叔父则敬，敬弟则敬。果在外，非由内也。”

公都子曰：“冬日则饮汤，夏日则饮水。然则饮食亦在外也。”

公都子曰：“告子曰：‘性无善无不善也。或曰性可以为善，可以为不善，是故文武兴，则民好善；幽厉兴，则民好暴。或曰有性善，有性不善。是故以尧为君而有象，以瞽瞍为父而有舜。以纣为兄之子且以为君而有微子启，王子比干。今曰性善，然则彼皆非欤？”

孟子曰：“乃若其情，则可以为善矣，乃所谓善也。若夫为不善，非才之罪也。恻隐之心，人皆有之；羞恶之心，人皆有之；恭敬之心，人皆有之；是非之心，人皆有之。恻隐之心，仁也；羞恶之心，义也；恭敬之心，礼也；是非之心，智也。仁义礼智，非由外铄我也，我固有之也。弗思耳矣。故曰：求则得之，舍则失之。或相倍蓰而无算者，不能尽其才者也。《诗》曰：‘天生蒸民，有物有则。民之秉夷，好是懿德。’孔子曰：‘为此诗者，其知道乎！’故有物必有则，民之秉夷也，故好是懿德。”

孟子曰：“富岁子弟多赖，凶岁子弟多暴，非天之降才尔殊也，其所以陷溺其心者然也。今夫麰麦，播种而櫌之。其地同，树之时又同。浡然而生，至于日至之时皆熟矣。虽有不同，则地有肥硗雨露之养，人事之不齐也。故凡同类者，举相似也，何独至于人而疑之。圣人与我，同类者。故龙子曰：‘不知足而为屦，我知其不为蒉也。’屦之相似，天下之足同也。口之于味，有同耆也，易牙先得我口之所耆者也。如使口之于味也，其性与人殊，若犬马之与我不同类也，则天下何耆皆从易牙之于味也？至于味，天下期于易牙，是天下之口相似也。惟耳亦然。至于声，天下期于师旷，是天下之耳相似也。惟目亦然。至于子都，天下莫不知其姣也。不知子都之姣者，无目者也。故曰，口之于味也，有同耆焉。耳之于声也，有同听焉。目之于色也，有同美焉。至于心，独无所同然乎？心之所同然者？何也？谓理也，义也。圣人先得我心之所同然耳。故理义之悦我心，犹刍豢之悦我口。”

（二）本性之破坏

孟子曰：“牛山之木尝美矣。以其郊于大国也，斧斤伐之，可以为美乎？是其日夜之所息，雨露之所润，非无萌蘖之生焉，牛羊又从而牧之，是以若彼濯濯也。人见其濯濯也，以为未尝有材焉，此岂山之性也哉！虽存乎人者，岂无仁义之心哉！其所以放其良心者，亦犹斧斤之于木也。旦旦而伐之，可以为美乎？其日夜之所息，平旦之气，其好恶与人相近也者几希。则其旦昼之所为，有梏亡之矣。梏之反覆，则其夜气不足以存。夜气不足以存，则其违禽兽不远矣。人见其禽兽也，而以为未尝有才焉者，是岂人之情也哉？故苟得其养，无物不长；苟失其养，无物不消。孔子曰：'操则存，舍则亡。出入无时，莫知其乡。'惟心之谓欤？"

孟子曰："无或乎王之不智也。虽有天下易生之物也，一日暴之，十日寒之，未有能生者也。吾见亦罕矣，吾退而寒之者至矣。吾如有萌焉何哉！今夫弈之为数，小数也，不专心致志则不得也。弈秋，通国之善弈者也。使弈秋诲二人奕。其一人专心致志，惟弈秋之为听。一人虽听之，一心以为有鸿鹄将至，思援弓缴而射之。虽与之俱学，弗若之矣。为是其智弗若欤？曰，非然也。"

（三）人性中之贵贱大小

孟子曰："鱼，我所欲也，熊掌亦我所欲也。二者不可得兼，舍鱼而取熊掌者也。生，亦我所欲也，义亦我所欲也。

二者不可得兼，舍生而取义者也。生亦我所欲，所欲有甚于生者，故不为苟得也。死亦我所恶，所恶有甚于死者，故患有所不辟也。如使人之所欲莫甚于生，则凡可以得生者，何不用也？使人之所恶莫甚于死者，则凡可以辟患者，何不为也？由是则生而有不用也，由是则可以辟患而有不为也。是故所欲有甚于生者，所恶有甚于死者，非独贤者有是心也，人皆有之；贤者能勿丧耳。一箪食，一豆羹，得之则生，弗得则死。呼尔而与之，行道之人弗受；蹴尔而与之，乞人不屑也。万钟则不辨礼义而受之，万钟于我何加焉？为宫室之美，妻妾之奉，所识穷乏者得我欤？乡为身死而不受，今为宫室之美为之；乡为身死而不受，今为妻妾之奉为之；乡为身死而不受，今为所识穷乏者得我而为之，是亦不可以已乎？此之谓失其本心。”

孟子曰：“仁，人心也；义，人路也。舍其路而弗由，放其心而不知求，哀哉！人有鸡犬放，则知求之；有放心而不知求。学问之道无他，求其放心而已矣。”

孟子曰：“今有无名之指，屈而不信，非疾痛害事也。如有能信之者，则不远秦、楚之路，为指之不若人也。指不若人，则知恶之；心不若人，则不知恶。此之谓不知类也。”

孟子曰：“拱把之桐梓，人苟欲生之，皆知所以养之者。至于身而不知所以养之者，岂爱身不若桐梓哉？弗思甚也。”

孟子曰:“人之于身也，兼所爱。兼所爱，则兼所养也。无尺寸之肤不爱焉，则无尺寸之肤不养也。所以考其善不善者，岂有他哉? 于己取之而已矣。体有贵贱，有大小。无以小害大，无以贱害贵。养其小者为小人，养其大者为大人。今有场师，舍其梧檟，养其樲棘，则为贱场师焉。养其一指而失其肩背而不知也，则为狼疾人也。饮食之人，则人贱之矣，为其养小以失大也。饮食之人无有失也，则口腹岂适为尺寸之肤哉?”

公都子问曰:“钧是人也，或为大小，或为小人，何也?”

孟子曰:“从其大体为大人，从其小体为小人。”

(公都子问)曰:“钧是人也，或从其大体，或从其小体，何也?”

(孟子)曰:“耳目之官不思，而蔽于物，物交物，则引之而已矣。心之官则思。思则得之，不思则不得也。此天之所与我者。先立乎其大者，则其小者不能夺也。此为大人而已矣。”

孟子曰:“有天爵者，有人爵者。仁义忠信，乐善不倦，此天爵也。公卿大夫，此人爵也。古之人修其天爵，而人爵从之。今之人修其天爵，以要人爵；既得人爵，而弃其天爵，则惑之甚者也。终亦必亡而已矣。”

孟子曰："欲贵者，人之同心也。人人有贵于己者，弗思耳。人之所贵者，非良贵也。赵孟之所贵，赵孟能贱之。《诗》云：'既醉以酒，既饱以德。'言饱乎仁义也。所以不愿人之膏粱之味也。令闻广誉施于身，所以不愿人之文绣也。"

孟子曰："仁之胜不仁也，犹水之胜火。今之为仁者，犹以一杯水救一车薪之火也。不熄，则谓之水不胜火。此又与于不仁之甚者也。亦终必亡而已矣。"

孟子曰："五谷者，种之美者也。苟为不熟，不如荑稗。夫仁亦在乎熟之而已矣。"

孟子曰："羿之教人射，必志于彀，学者亦必志于彀。大匠诲人，必以规矩，学者亦必以规矩。"

图书在版编目（CIP）数据

孔子的智慧 / 林语堂著；黄嘉德译 . — 长沙：湖南文艺出版社，2016.9
书名原文 : The Wisdom of Confucius
ISBN 978-7-5404-7711-0

Ⅰ . ①孔… Ⅱ . ①林… ②黄… Ⅲ . ①孔丘（前 551—前 479）—思想研究
Ⅳ . ① B222.25

中国版本图书馆 CIP 数据核字（2016）第 182102 号

著作权合同登记号：图字 18-2016-161

© 中南博集天卷文化传媒有限公司。本书版权受法律保护。未经权利人许可，任何人不得以任何方式使用本书包括正文、插图、封面、版式等任何部分内容，违者将受到法律制裁。

上架建议：名家经典 · 文化

The Wisdom of Confucius
By Lin Yutang
This edition arranged with Curtis Brown Group Ltd.
through Andrew Nurnberg Associates International Limited

KONGZI DE ZHIHUI
孔子的智慧

作　　者：林语堂
译　　者：黄嘉德
出 版 人：刘清华
责任编辑：薛　健　刘诗哲
监　　制：蔡明菲　潘　良
特约策划：李　荡
特约编辑：苗方琴
版权支持：辛　艳
营销支持：李　群　杨清方
装帧设计：利　锐
出版发行：湖南文艺出版社
（长沙市雨花区东二环一段 508 号　邮编：410014）
网　　址：www.hnwy.net
印　　刷：长沙超峰印刷有限公司
经　　销：新华书店
开　　本：880mm × 1230mm　1/32
字　　数：150 千字
印　　张：8
版　　次：2016 年 9 月第 1 版
印　　次：2019 年 2 月第 5 次印刷
书　　号：ISBN 978-7-5404-7711-0
定　　价：36.80 元

质量监督电话：010-59096394
团购电话：010-59320018